Copyright:

© 2017 bei HBRS e.V.- Eigenverlag - 36043 Fulda
www.hbrs.de

Autor:

William Sonnenberg

Fotos:

Vanessa Winkels & Julian Sarellas

Hinweis:

Alle Rechte vorbehalten. Eine Vervielfältigung in Schrift und Foto ist ohne die Genehmigung durch den HRBS e.V. und den Autor selbst nicht gestattet. Dieses Verbot -ausgenommen die in §§ 53, 54 UG genannten Sonderfälle- erstrecken sich auch auf die Vervielfältigung für Zwecke der Unterrichtsgestaltung und die Verarbeitung in elektronische Systeme. Für den praktischen Teil ist eine Haftung des HBRS e.V. und den Autor selbst für Personen-, Sach- und Vermögensschäden ausgeschlossen.
Der Leser/Benutzer selbst ist für die Durchführung der good practice Beispiele verantwortlich.

Auf die gleichzeitige Verwendung von männlicher und weiblicher Sprachformen wird verzichtet.
Die Personenbezeichnungen gelten für beide Geschlechter.

Layout & Satz:

Aline Woitas, Grafikerin

Druck:

Media-Print Informationstechnologie GmbH – 33100 Paderborn
Printed in Germany - ISBN 978-3-00-054480-4

INHALTSVERZEICHNIS

Vorwort	5
Teilnehmergruppe	6-10
Legende Materialien	11-16
Legende Zutaten	17

Gruppe A:
Übungen und Spiele ohne Material
Koordination

1.	Tipp, 2, 3 (Umstellung/statisch und dynamisch)	18-23
2.	Schneewittchen (Umstellung, Reaktion/statisch)	24-26
3.	Autofahren (Orientierung, Umstellung/dynamisch)	27-29
4.	Haschen (Reaktion, Umstellung/statisch)	30-32
5.	Schenkelklopfen (Umstellung, Reaktion/statisch)	33-35
6.	Platzwechsel bitte! (Umstellung, Orientierung/statisch)	36-37
7.	Bück Dich! (Umstellung/statisch)	38-40
8.	Einbeinstand (Gleichgewicht/statisch)	41-42

Ausdauer

9.	Ankuppeln (dynamisch)	43-45
10.	Pfiff Lauf (dynamisch)	46-48
11.	Wolf & Schaf (Spaß/dynamisch)	49-52

Gruppenaktivität Spaß

12.	Blinzle mich (Reaktion/statisch)	53-55
13.	Ich sitze im Grünen (Reaktion/statisch)	56-59
14.	Meine Beine, deine Beine (Rhythmus, Umstellung/statisch)	60-64
15.	Puppenspieler (Partneraktivität, Entspannung/statisch)	65-68
16.	Sherlock Holmes (Entspannung/statisch)	69-71
17.	Bärenjagd (Bewegung/statisch bis leicht dynamisch)	72-77
18.	König Grrrr (Entspannung/statisch)	78-80

Gruppe B:
Übungen und Spiele mit dem Ball
Koordination

19.	Memoryball (Umstellung, Orientierung/statisch und dynamisch)	81-83
20.	Steh-Ball (Umstellung/statisch und dynamisch)	84-88

Ausdauer

21.	Tigerball/Kreuzball (Ausdauer/dynamisch)	89-93

ÜL= Übungsleiter/in, TN= Teilnehmer/in

Gruppenaktivität Mannschaftsspiel

22.	Tennisball Chaos (Wettkampf/dynamisch)	94-96
23.	Fußballtennis (Wettkampf/dynamisch)	97-99
24.	Prellball (Wettkampf/dynamisch)	100-102
25.	Sitzball (Wettkampf/statisch und dynamisch)	103-106

Gruppe C:
Übungen und Spiele mit Material
Koordination

26.	Pezziball & Drumstick (Rhythmus/statisch)	107-111
27.	Tüten-Rock (Rhythmus/dynamisch)	112-117
28.	Tütenimpuls (Reaktion/statisch)	118-120
29.	Stabfall (Reaktion, Umstellung/statisch)	121-122
30.	Obstsalat (Orientierung, Umstellung, Reaktion/dynamisch)	123-125
31.	Städtereise (Orientierung, Umstellung/dynamisch)	126-128
32.	Chaos der Gegenstände (Umstellung/statisch)	129-132
33.	Stabschieben (Differenzierung, Orientierung, Kooperation/dynamisch)	133-136
34.	Ring-Hockey (Differenzierung, Reaktion/dynamisch)	137-139
35.	Ring-Ufo (Differenzierung, Reaktion/dynamisch)	140-142
36.	CD-Hüllen Ping Pong (Differenzierung, Reaktion/statisch)	143-145

Ausdauer

37.	Reifenzwirbeln (Ausdauer/dynamisch)	146-149
38.	Oma, Jäger, Wolf (Ausdauer, Umstellung/dynamisch)	150-152
39.	Würfellauf (Ausdauer, Mannschaftsspiel, Wettkampf/dynamisch)	153-155

Gruppenaktivität Mannschafts- und Kooperationspiele

40.	Cross-Boccia (Wettkampf/statisch)	156-161
41.	Sandsäckchen-Boccia (Wettkampf/statisch)	162-164
42.	Joghurtbecher-Bosseln (Wettkampf/statisch)	165-167
43.	Mülltüten-Luftballon Volleyball (dynamisch)	168-170
44.	Blasrohrschiessen (Einzelaktivität, Wettkampf/statisch)	171-174
45.	Mülltütenkatapult & Rutsche (Kooperation/dynamisch)	175-177
46.	Knoten da rein (Kooperation/statisch)	178-182
47.	Rings herum (Entspannung/statisch)	183-185
48.	Irrgarten (Entspannung/statisch)	186-190
49.	Die Reifen sind gefallen (Entspannung/statisch)	191-193
50.	Finde den Fehler (Partneraktivität, Entspannung, Spaß/statisch)	194-197

Meine Notizen	198-199
Danksagung	200

ÜL= Übungsleiter/in, TN= Teilnehmer/in

VORWORT

Gerhard Knapp - Präsident des HBRS e.V.

Sport für Menschen mit einer Behinderung und Menschen, die von einer Behinderung bedroht sind, in seiner großen Vielfalt anzubieten, ist seit über 60 Jahren das Anliegen des HBRS mit seinen über 600 Mitgliedsvereinen. Dieses Aufgabenfeld unterliegt stetigen Veränderungen und Anpassungen. Neue Krankheitsbilder, Aktualisierung der sportpädagogischen Inhalte, gesetzliche Änderungen, neue Aufgabenfelder usw., haben den Behindertensport in den letzten Jahrzehnten verändert und geprägt (vom Versehrtensport zum Behinderten- und Reha-Sport). Unser Anliegen war schon immer von dem Grundsatz geprägt, durch Sport und Bewegung zur Erhaltung und Verbesserung der Gesundheit des Menschen beizutragen und damit die Wiedereingliederung in die Gesellschaft und den Beruf zu fördern.

Die UN-Behindertenrechtskonvention, die am 26. März 2009 in Deutschland in Kraft getreten ist, war für den Verband der Ausgangspunkt für viele Diskussionen. Bei den theoretischen Diskussionen um Inhalte und Umsetzungsfragen stand immer auch die Position des Verbandes und unsere Mitwirkung im Vordergrund.

Seit 2012 arbeitet der Verband verstärkt auf der Präsidialebene, in Arbeitsgruppen und im Lehrteam am Thema Inklusion. Unsere Handlungsmaxime war von Anfang an keine Theorie, sondern praktische Hilfen anzubieten und Netzwerke zu schaffen. Dabei sollte möglichst immer der gesamte hessische Sport mit eingebunden werden.

Mit unseren seit 2013 veranstalteten Aktionstagen, Kongressen und inklusiven Sport- und Spielfesten konnten wir unser Wissen um den Sport von Menschen mit einer Behinderung weitergeben und viele Erfahrungen zum Thema sammeln. Das Thema Inklusion wurde in kurzer Zeit in die Aus- und Fortbildung von Übungsleitern mit eingebunden. Die Zusammenarbeit mit dem Landessportbund Hessen wurde verstärkt und ein gemeinsames Strategiekonzept entwickelt.

Das Buch „Inklusion in Sport und Spiel" - Good Practice Beispiele für den inklusiven Vereins- und Schulsport – ist eines der praxisbezogenen Ergebnisse der letzten Jahre.

Wir hoffen, dass diese Handreichung für die Umsetzung von inklusiven Sportangeboten nützliche Anregungen gibt und somit Ängste und Vorbehalte abbaut.

TEILNEHMERGRUPPE

- Carla, 23
- Studentin Sozialwissenschaft

- Angela, 46
- Ingenieurin
- Lupus Erythematodes

👤 Dieter, 63
💼 Maschinenbautechniker
❗ Paraparese/Rollstuhl

👤 Daniel, 15
💼 Schüler

👤 Dr. Sven, 52
💼 Philosoph

👤 Dieter, 63
💼 Bauingenieur

Jörg, 42
Lagerist
Prothesenträger

Florian, 30
Referent für Sport und Gesundheit

Manuela, 40
ÜL Reha-Sport
Ehlers-Danlos-Syndrom Typ 3

Julian, 12
Schüler

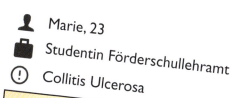

👤 Marie, 23
💼 Studentin Förderschullehramt
❗ Collitis Ulcerosa

👤 Marcel, 19
💼 Schüler
❗ Tibiahypoplasie, Entwicklungsverzögerung, Prothesenträger

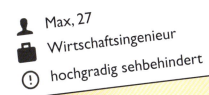

👤 Max, 27
💼 Wirtschaftsingenieur
❗ hochgradig sehbehindert

👤 Marita, 68
💼 Heilpraktikerin
❗ Adipositas

👤 Sandra, 38
💼 Heilerziehungspädagogin

👤 Ronny, 35
💼 Experte Blassrohrschießen
❗ Spondylo-epi-metaphysäre Dysplasie, leptodaktyler Typ

👤 Susanne, 81
💼 Rentnerin
❗ Arthrose

👤 Sina, 38
💼 Bankkauffrau

LEGENDE MATERIALIEN

Becher · Hütchen · Besen

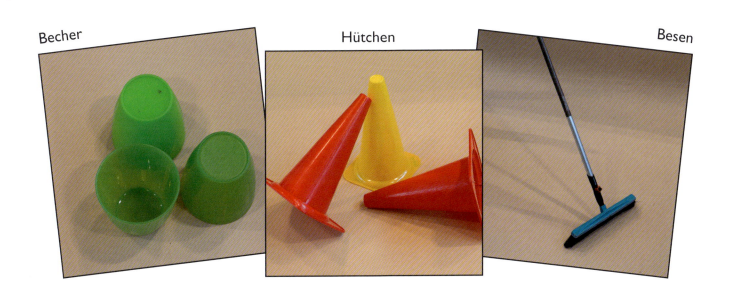

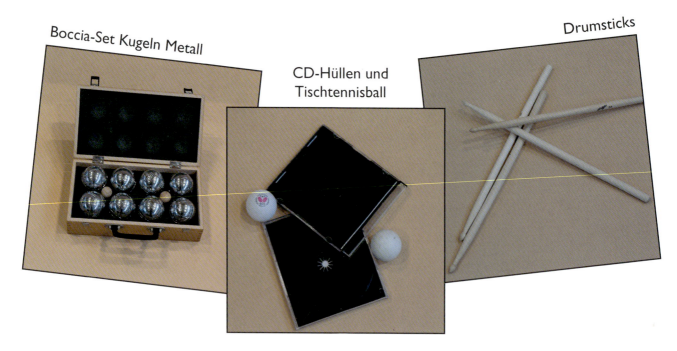
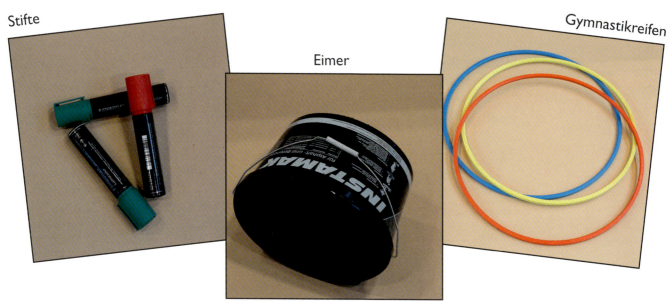
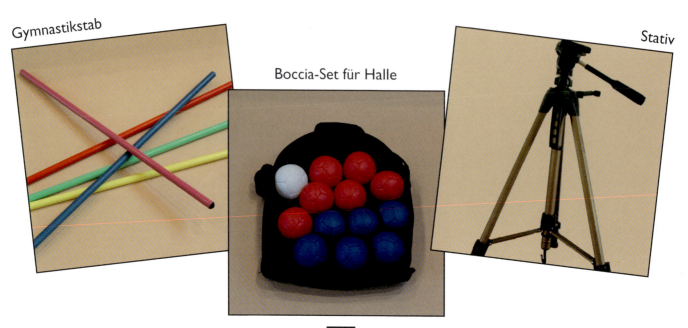

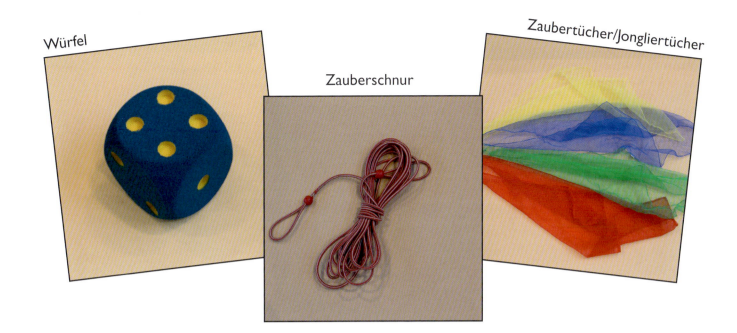

Würfel Zauberschnur Zaubertücher/Jongliertücher

Wasserball Joghurtbecher blau Joghurtbecher weiß

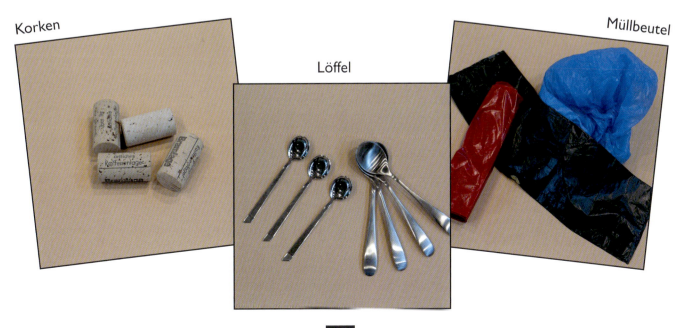

Korken Löffel Müllbeutel

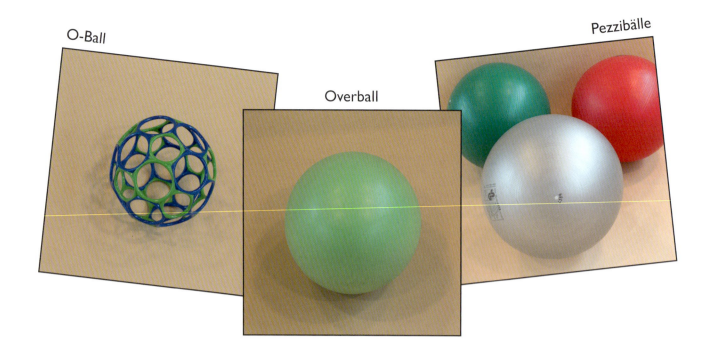
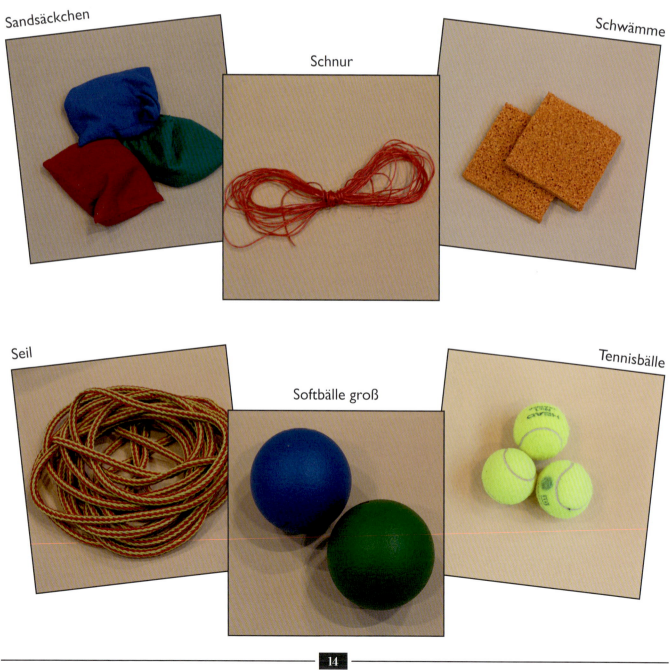

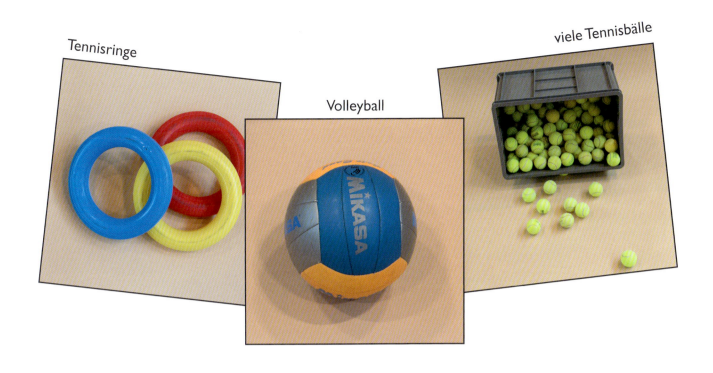

Handy
Besenstiel
Schlüsselbund
Hocker
Stuhl

LEGENDE ZUTATEN/ICONS

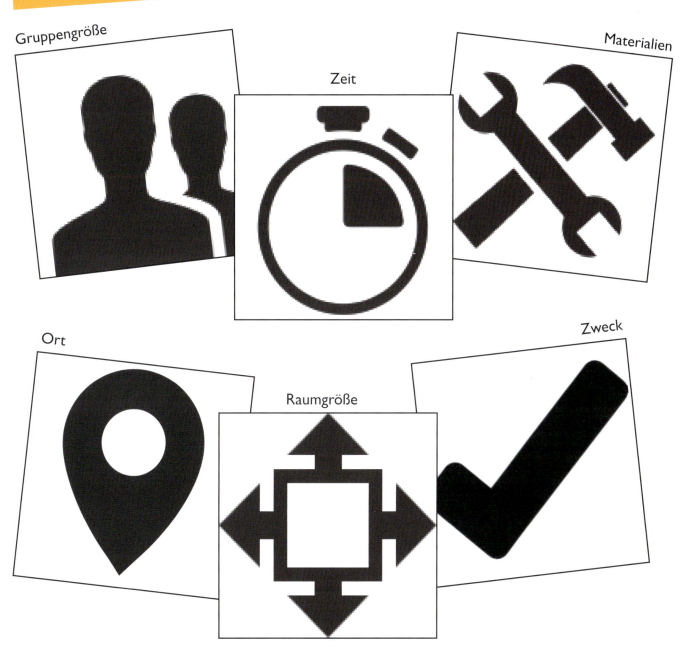

Gruppengröße — Zeit — Materialien — Ort — Raumgröße — Zweck

Übungsform

1. TIPP, 2, 3

Zutaten:

- 2-30 TN
- 5-30 Minuten
- Basis:
  Kein Materialbedarf
  Modifizierung:
  Bei Bedarf verschiedene Materialien
- drinnen & draußen
- ab 4 m²
- Koordination: Umstellung
- statisch bis dynamisch

Ziel:

Im Paar gegenüberstehend wird eine Reihe von Zahlen immer im Wechsel abgezählt. Im Übungsverlauf werden die Zahlen durch individuelle Bewegungen und/oder Aufgaben Stück für Stück ersetzt. Ziel ist es, sich in der Abfolge nicht zu irren.
Die TN werden im Bereich der Koordination in der Umstellungsfähigkeit und Reaktion trainiert. Die kognitive Belastung der TN stellt eine große Herausforderung dar.

Organisation/Aufbau:

2 TN stehen sich jeweils gegenüber. Sie schauen sich an. Der Gruppe wird das Grundprinzip erklärt:
TN A startet und sagt laut 1, TN B erwidert mit 2, TN A sagt 3 und TN B sagt jetzt 1 usw.

Anleitung:

Die Zahl 1 wird beim Übungsstart durch ein Tippen auf die Schulter des Partners ersetzt. Sie wird nicht mehr gesprochen, sondern nur noch gedacht.

Wenn die TN die Übung verstanden haben und ohne Fehler beherrschen, wird die Abfolge auf die Zahl 4 und 5 erweitert.

Bei der Zahl 4 hüpft der TN in die Luft.

Als Antwort sagt der andere TN laut die Zahl 5.

MODIFIZIERUNG:

Die Herausforderung dieser Übung liegt in der gedanklichen Leistungsfähigkeit. Um den Druck des einzelnen TN zu reduzieren, wird die Übung zu einer Gruppenaufgabe modifiziert. Die Gruppe steht im Innenstirnkreis. Der ÜL bestimmt einen TN, der mit dem Tippen und der nicht ausgesprochenen Zahl 1 startet.

Der Angetippte sagt laut und deutlich die Zahl 2.

Darauf läuft der nächste TN gegen den Uhrzeigersinn eine Runde um die ganze Gruppe und denkt dabei die Zahl 3 im Kopf. Während dieser läuft, geht es in der Zahlenabfolge weiter.

Der nächste TN hüpft bei der gedachten Zahl 4 in die Luft.

Die Zahl 8 darf wieder laut gesagt werden.

Der nächste TN startet wieder mit der Zahl 1.

Es folgt wieder die Zahl 2 ...

...die Zahl 3 usw. Die ständigen rhythmischen Verschiebungen der Zahlen bei den TN führen dazu, dass alle mitdenken müssen und sich untereinander helfen.

TIPP:
Zu Anfang sollte die Zahlenreihe nicht zu lang sein. Bei einer geraden TN-Zahl sollte eine ungerade Zahlenreihe gewählt werden und bei gerader TN-Zahl umgekehrt, damit es zu einer systematischen Verschiebung kommt. Der Schwerpunkt der Übungsauswahl kann nach Bedarf angepasst werden. Es können koordinative und/oder funktionelle Übungen gewählt werden. Allerdings sollten es einfache Übungen sein, da sonst der Übungsfluss behindert wird.

2. SCHNEEWITTCHEN

Zutaten:

- 10-30 TN
- 5-20 Minuten
- Basis: kein Materialbedarf
  Modifizierung: kein Materialbedarf
- drinnen & draußen
- ab 40 m²
- Koordination: Umstellung, Reaktion & Spaß
- statisch

Ziel:
Auf Zuruf versuchen die TN mit jeweils 3 Personen eine bestimmte Figur darzustellen, die vorher mittels einer festgelegten Form oder Bewegungsaufgabe erklärt worden ist.

Organisation/Aufbau:
Ein TN steht in der Mitte eines Innenstirnkreises, der von den restlichen Mitspielern gebildet wird.
Der ÜL erklärt den Mitspielern die Figuren. Es gibt zu Anfang die Waschmaschine, die Popkornmaschine, den Mixer, den Elefanten, das Eichhörnchen und das Schneewittchen. Zu jeder Figur gibt es eine bestimmte Bewegungsaufgabe, die von 3 TN (je nach Bild auch mehr TN) dargestellt wird.

Anleitung:

Der TN in der Mitte ruft den Namen eines TN und wahllos eine der genannten Figuren. Diese wird dann von dem angesprochenen TN ausgeführt, mit der jeweiligen Beteiligung des rechten und linken Mitspielers. Wenn sich ein TN in der Bewegungsausführung irrt oder einen Fehler macht, muss dieser in die Mitte. Die verschiedenen Figuren sehen wie folgt aus: Waschmaschine: Der angesprochene TN führt mit seinen Händen eine rotierende Bewegung aus, der jeweils rechte und linke TN drehen sich zur „Waschmaschinentrommel" und bilden zusammen mit den Armen und Händen das Außengehäuse der Waschmaschine.

Popkornmaschine: Der angesprochene TN hüpft auf der Stelle, rechts und links wird das Gehäuse der Maschine mit Händen und Armen dargestellt.

Mixer: Der angesprochene TN dreht sich auf der Stelle, rechts und links werden die Mixerstäbe über dem Kopf festgehalten.

Elefant: Der angesprochene TN formt mit den Händen einen Elefantenrüssel, rechts und links werden die Elefantenohren mit Händen und Armen dargestellt.

Eichhörnchen: Der angesprochene TN stellt mit den Händen die Vorderpfoten des Eichhörnchens dar, rechts und links werden mit den Fäusten die Ohren dargestellt.

Schneewittchen: Der angesprochene TN stellt Schneewittchen selbst dar, indem mit der rechten Hand gewunken wird, zur linken Seite gehen 7 TN in die Hocke und formen mit den Armen und Händen eine Zwergenmütze.

MODIFIZIERUNG:

Eine Modifizierung ist bei diesem Spiel normalerweise nicht notwendig. Im Bereich von Schwerstbehinderungen und geistiger Beeinträchtigung bietet sich an, die Gruppe in Pärchen einzuteilen, damit die Haltung oder Bewegung für die jeweiligen Figuren gemeinsam gezeigt werden können.

TIPP:
Die Auswahl kann nach Bedarf der Gruppe angepasst werden. Es können koordinative oder funktionelle Aspekte mit eingebaut werden. Beispiel: Bei einem Flamingo muss der angesprochene TN auf einem Bein stehen, rechts und links wird das Schilfrohr dargestellt, was sich schwankend im Wind bewegt. Der ÜL kann gemeinsam mit der Gruppe neue Figuren und Elemente erfinden und diese ins Spiel einbauen.

3. AUTOFAHREN

Zutaten:

- 12-30 TN
- 5-20 Minuten
- Basis: kein Materialbedarf
  Modifizierung: kein Materialbedarf
- drinnen & draußen
- ab 80 m²
- Koordination: Orientierung, Umstellung
- dynamisch

Ziel:
Die TN versuchen in einer 4er Gruppe gemeinsam als ein „Auto" durch den Raum zu fahren. Das Lenkrad ist blockiert und die TN können nur geradeaus fahren. Vor einem Hindernis muss das Auto schnell umgebaut werden, bevor es weiterfahren kann. Für den Umbau des Autos muss ein festes Regelwerk eingehalten werden.

Organisation/Aufbau:
Die TN stellen sich in der Halle zu jeweils vier Personen wie eine VIER auf einem Würfel auf (Viereck). Der Blick geht in die gleiche Richtung. Der TN vorne links ist der Fahrer. Er kann bestimmen, wann die Gruppe losfährt und bestimmt das Tempo, aber er kann nicht lenken. Somit kann das Auto immer nur geradeaus fahren.

Anleitung:

Wenn das Auto an eine Wand oder an ein anderes Hindernis gelangt, bleibt es stehen. Nun kann der Fahrer bestimmen, zu welcher Seite sich alle Autoinsassen um ihre eigene Achse drehen. Entweder 90° nach links, 90° nach rechts oder um 180° komplett umdrehen. Dieter entscheidet sich in unserem Fall um ein 90° Drehung nach rechts.

Mit dem Manöver verändert sich automatisch der Fahrer im Auto: Neue Fahrerin ist jetzt Sina.

Das Auto steht nicht mehr vor der Wand, sondern kann nun mit dem neuen Fahrer weiterfahren.

MODIFIZIERUNG:

Im schwerstbehinderten Bereich entsteht aus dem 4er- ein 5er Würfel. Der zusätzliche TN läuft in der Mitte der Gruppe mit. Bei jedem Umbau des Autos dreht er sich mit, bleibt aber immer in der Mitte. Die kognitive Beanspruchung wird somit im Rahmen der Fähigkeit des TN ausgenutzt, aber nicht überfordert.

Bei Bedarf kann der 5te TN aus der Position nach außen wechseln. Dies bietet sich direkt nach dem Umbau an. Sina befindet sich noch in der Mitte.

Vor der erneuten Weiterfahrt wechselt Sina die Position mit hinten rechts im Auto. Nun steht Sandra in der Mitte und das Auto kann weiterfahren.

Das schwarze Auto versucht das rote Auto zu verfolgen bzw. ihm den Weg abzuschneiden. Dies ist nicht einfach, da das Regelwerk gleich bleibt. Darüber hinaus darf nur gegangen werden. Jede Missachtung des Regelwerkes (Kurvenfahrt, falscher Umbau, Laufen usw.) wird durch den ÜL mit einer Stilllegung des Autos für 5 Sekunden geahndet.

Wenn die Autos im Umbau geübt sind, kann eine Autorally oder Jagd gestartet werden. Dafür starten 2 Autos in 2 entgegengesetzte Richtungen.

TIPP:
Der Fahrer soll jeweils eine bestimmte Gangart vormachen, die alle Autoinsassen nachmachen müssen (Storchengang, hüpfen, marschieren, klatschend gehen, usw.).
Nach jedem Umbau startet der neue Fahrer mit einer anderen Fortbewegungsart.

4. HASCHEN

Zutaten:

- 6-30 TN
- 5-15 Minuten
- Basis: kein Materialbedarf
  Modifizierung:

- drinnen & draußen
- ab 40 m²
- Koordination: Reaktion, Umstellung
- statisch

Ziel:
Eine Übungsform, die eher statischer Natur ist und mit einem erhöhten Maß an Konzentration einhergeht. Im Mittelpunkt dieser Übung soll die Reaktionsfähigkeit trainiert werden. Dies geschieht im ständigen Wechsel der Umstellungsfähigkeit. Der Aufforderungs- und Spaßcharakter ist in der Durchführung sehr hoch.

Organisation/Aufbau:

Die TN finden sich zu zweit zusammen. Es wird eine Gasse gebildet, in der sich die jeweilgen Paare gegenüberstehen. Der ÜL stellt sich an den Seitenrand. Bei größeren Gruppen stellt sich der ÜL im Idealfall auf einen Kasten oder ähnliches, um alle TN besser überblicken zu können.
Der ÜL spricht alle TN an und zeigt auf die TN zu seiner Rechten, diese TN sind ab jetzt die „Roten". Dann zeigt er auf die TN zu seiner Linken, diese sind ab jetzt die „Blauen".

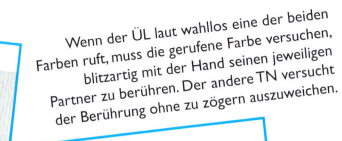

Wenn der ÜL laut wahllos eine der beiden Farben ruft, muss die gerufene Farbe versuchen, blitzartig mit der Hand seinen jeweiligen Partner zu berühren. Der andere TN versucht der Berührung ohne zu zögern auszuweichen.

Die TN, die sich als Paar gegenüber stehen, sollen sich anschauen.

Wie auf der Bilderfolge zu sehen, hat ein Rollstuhlfahrer im Verhältnis zum Fußgänger einen erheblichen Nachteil. Gerade dann, wenn er der „Hascher" ist. Dies ist auf die Trägheit des Rollstuhls und die Bewegungseinschränkung zurückzuführen, die mit der Behinderung einhergeht. Bei ihm muss die Bewegung aus dem gesamten Oberkörper erfolgen. Beim Fußgänger erfolgt diese beim Ausweichen lediglich aus den Beinen.

MODIFIZIERUNG:

Um das Missverhältnis auszugleichen, bleibt die Grundposition bestehen, es kommt lediglich ein neues Medium hinzu. In dem dargestellten Beispiel handelt es sich um ein Zaubertuch (auch Jongliertuch genannt).

Das Tuch wird mit der linken Hand an einem Ende auf Brusthöhe vor dem Körper gehalten. Wenn der ÜL im Folgenden wieder wahllos eine Farbe ruft, versucht die gerufene Gruppe das Tuch des jeweiligen Partners mit der rechten Hand zu erhaschen. Dieser wiederum zieht sein Tuch mit der linken Hand schnell zurück.

Auch im Wegziehen des Tuches ist die Chancengleichheit gegeben, da der Rollstuhl selbst nicht bewegt werden muss. Die TN werden einige Durchläufe brauchen, um sich auf ihre Farbe einzustellen. Am Anfang herrscht meist Chaos, weil einige TN nicht richtig verstanden haben, dass immer die ausgerufene Farbe Hascher ist.

Da die Bewegung lediglich aus dem Arm erfolgen muss und nicht mehr aus dem gesamten Oberkörper, hat auch der Rollstuhlfahrer eine realistische Chance das Tuch des gegenüberstehenden Partners zu erhaschen.

TIPP:
Wenn keine Zaubertücher vorhanden sind, können auch Küchenhandtücher oder normale Handtücher verwendet werden. Nach diesen lässt es sich allerdings nicht ganz so gut greifen, da sie schneller auf das Wegziehen reagieren. Auch die Variante im Sitzen auf einem Hocker oder Stuhl hat einen sehr schönen Aufforderungscharakter und bringt Rollstuhlfahrer und Fußgänger auf gleiche Augenhöhe. Im Seniorenbereich nur im Stehen durchführen oder das Spiel weiter modifizieren.

5. SCHENKELKLOPFEN

Zutaten:

- 6-12 TN
- 5-15 Minuten
- Basis: *
- Modifizierung:
- drinnen
- ab 30 m²
- Koordination: Umstellung, Reaktion
- statisch

Ziel:

Im Sitzkreis wird ein Impuls über ein Klopfen auf den Oberschenkel des Nachbarn weitergegeben. Der Impuls wandert von Bein zu Bein. Es darf kein Bein übersprungen oder ausgelassen werden. Dieses Spiel trainiert nicht nur die koordinativen Fähigkeiten, Umstellung und Reaktion, sondern verlangt Aufmerksamkeit und Konzentration sowie ein gewisses Maß an Orientierung.

*Alternativ kann auch ein Hocker benutzt werden.

Organisation/Aufbau:

Die TN sitzen aufrecht auf einem Stuhl in einem engen Kreis und legen die Hände über Kreuz auf die Oberschenkel der TN zur rechten und linken Seite. Die Stühle sollten im Idealfall keine Armlehnen haben, da die Lehnen beim Übergreifen der Arme hinderlich sind.

Anleitung:

Alle TN orientieren sich in der Runde. Sie sollen auf ihre Hände schauen und ihre Füße fest auf dem Boden stehen lassen.

Der ÜL gibt einem TN ein Zeichen, worauf dieser mit der rechten Hand auf den linken Oberschenkel seines rechten Nachbarn klopft.

Diesen Impuls nimmt der übernächste TN auf und klopft auf den rechten Oberschenkel des gleichen TN.

Jetzt ist der „Oberschenkelbesitzer" selbst an der Reihe, den Impuls mit der rechten Hand nach rechts weiter zu geben. So geht der Impuls in der ganzen Runde von TN zu TN.

Wenn ein TN zu schnell klopft oder ein Oberschenkel übersprungen wird, wird die Hand, die einen Fehler gemacht hat, aus dem Spiel gezogen, d.h. sie wird von dem jeweiligen Bein genommen. Klopft ein TN 2x hintereinander auf ein Bein, geht der Impuls wieder in die andere Richtung.

MODIFIZIERUNG:

Alle Indikationen können an der Spielform teilhaben. Bei TN mit einer schweren Sehbehinderung oder Blindheit werden elastischen Zugbänder an den eigenen und den Handgelenken der jeweiligen nächsten Hände befestigt. Das elastische Zugband sollte leicht auf Spannung sein. Wenn der benachbarte TN jetzt klopft, spürt der TN mit der Sehbehinderung den Zug am Handgelenk und ist mit der gleichen Hand am Zug. Auch für diesen TN ist die koordinative Herausforderung gegeben, da der Drang vorhanden ist, sofort mit der anderen Hand zu reagieren und nicht die 2 Impulsschläge auf die eigenen Beinen abzuwarten.

TIPP:
Die Gruppe sollte nicht mehr als 12 TN haben, da sonst die Wartezeit zu lang ist. Optimal sind 6-10 TN. Bei größeren Gruppen sollten die TN in 2 oder 3 Parteien aufgeteilt werden.

6. PLATZWECHSEL BITTE

Zutaten:

- 12-30 TN
- 5-15 Minuten
- Basis:

Modifizierung:

- drinnen
- ab 30 m²
- Koordination: Umstellung, Orientierung
- statisch/leicht dynamisch

Ziel:
Im Steh- und Sitzkreis haben die TN die Aufgabe, mit einem einfachen und klaren Regelwerk auf Kommando des ÜL die eigene Position zu verlassen und auf die richtige neue Position zu gelangen. Dies geschieht im steten Wechsel zwischen Stehen und Sitzen. Obwohl das Regelwerk sehr einfach ist, fällt es allen TN sehr schwer, die Kommandos korrekt auszuführen.

Organisation/Aufbau:
Die Hälfte der TN aus der Gruppe befinden sich in einem Innenstirnkreis sitzend auf einem Stuhl. Die anderen TN stellen sich jeweils hinter einen Stuhl.

Der ÜL sagt die Zahl 1 und rechts an. Die TN, die auf dem Stuhl sitzen, stehen auf und gehen einen Stuhl weiter, in die Richtung, die der ÜL angesagt hat. Dort angekommen, stellen sie sich hinter den Stuhl. Die TN, die vorher hinter dem Stuhl standen, setzen sich auf den Stuhl, der vor ihnen frei geworden ist.

Sind die TN angekommen, wiederholt der ÜL diese Ansage. Wenn die Gruppe diesen Wechsel fehlerfrei schafft, variiert der ÜL zwischen rechts und links und bringt andere Zahlen ins Spiel.

MODIFIZIERUNG:

Rollstuhlfahrer stellen sich für das Hinsetzen mit Ihrem Rollstuhl vor den Stuhl. Auf der Bildreihe ist 2x links zu sehen.

Die Übungsreihe fordert von den TN sehr viel Konzentration. Im schwerstbehinderten Bereich kann diese Übung in einem Tandemmodell (Partner) durchgeführt werden. Hierfür wird der Rollstuhl neben den eigenen Stuhl gefahren.

TIPP:
Bei der Durchführung kann man einer Gruppe einen Ball oder ein anderes Material in die Hand geben, dies macht es einfacher zu sehen, wer einen Fehler macht. Haben alle sitzenden TN vor dem Kommando einen Ball in der Hand, so müssen diese nach der ersten Runde alle stehen und umgekehrt.

7. BÜCK DICH!

Zutaten:

- 8-20 TN
- 5-15 Minuten
- Basis: Kein Materialbedarf
  Modifizierung: Kein Materialbedarf
- drinnen & draußen
- ab 40 m²
- Koordination: Umstellung
- statisch

Ziel:
Eine Übungsform, die durch ihre Kreisform die Gruppenharmonie anregt und ein „WIR-Gefühl" vermittelt. Die Umstellungsfähigkeit steht im Vordergrund und wird trainiert. Durch Veränderung der Variationen kann auch statische Haltearbeit oder das Gleichgewicht gezielt angesprochen werden.

Organisation/Aufbau:
Alle TN stehen in einem Innenstirnkreis. Der ÜL spricht wahllos einen TN an, der sich bücken oder hocken soll. Die zwei TN rechts und links von ihm drehen sich zueinander und klatschen mit beiden Händen über der Person ab.

Anleitung:
Der gebückte TN ist der Start für die erste Übungsrunde. Nach dem Klatschen über ihm kommt dieser wieder zum Stehen und dreht sich nach rechts. Die Person zu seiner Rechten ist nun an der Reihe sich zu bücken oder zu hocken, damit über ihr abgeklatscht werden kann und kommt dann wieder in den Stand.

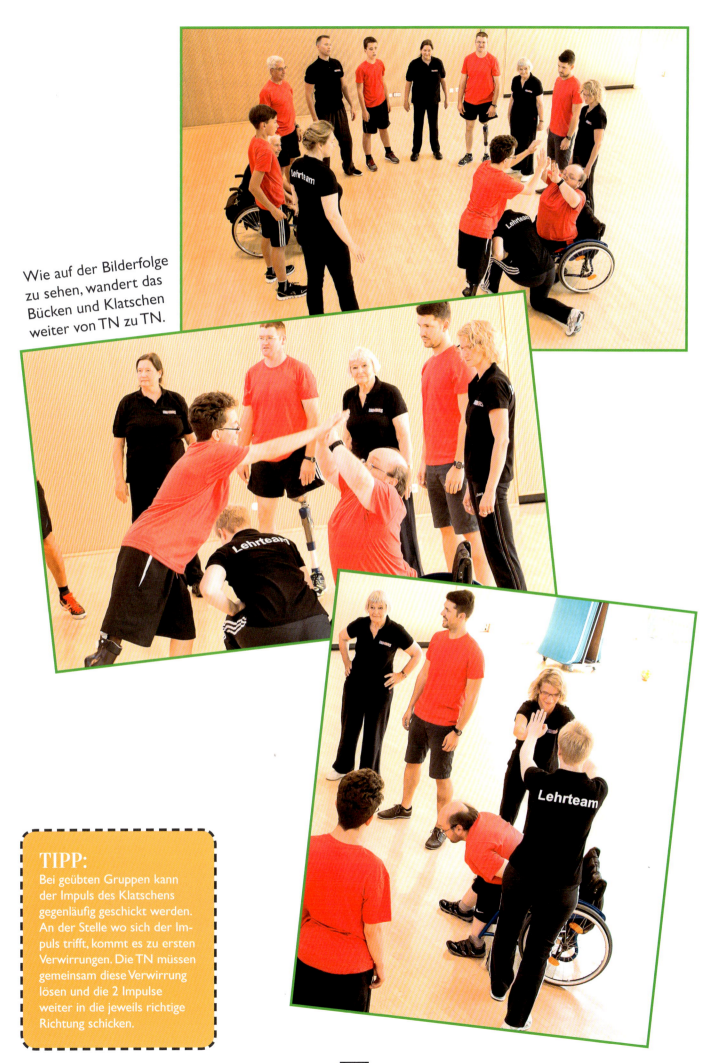

Wenn der erste Durchlauf beendet ist, sollen die TN in der nächsten Runde versuchen, verschiedene Möglichkeiten des Bückens und Hockens zu finden. Häufig wird diese Form gezeigt:

Hier kommt es dann darauf an, dem TN zu vermitteln, dass es andere Möglichkeiten gibt, die geeigneter in der Ausführung sind:

MODIFIZIERUNG:

Es werden mehrere Impulse hintereinander gestartet, somit kommt mehr Dynamik in die Übung und die Umstellung wird vermehrt trainiert.
Ebenfalls positiv zu beobachten ist das Verschwinden des Fokus auf dem einzelnen TN, da alle beteiligten Personen mit sich selbst beschäftigt sind.

8. EINBEINSTAND

Zutaten:

👥 1-unbegrenzt TN

⏱ 2-8 Minuten Minuten

🛠 Basis:
Kein Materialbedarf
Modifizierung:
Kein Materialbedarf

📍 drinnen & draußen

⇔ ab 30 m²

✔ Koordination: Gleichgewicht

▲ statisch

Ziel:
Das Thema Gleichgewicht und die verschiedenen Formen und Möglichkeiten, dieses zu trainieren sind immer wieder eine neue Aufgabe. Die hier beschriebene Übung ist eine methodische Reihe, die für alle TN eine große Herausforderung darstellt. Sie ist einfach in der Umsetzung, doch umso effektiver im Training.

Organisation/Aufbau:
Alle TN suchen eine Position im Raum, die für sie angenehm ist. Der ÜL ermuntert die TN, sich auf ein Bein zu stellen und das Gleichgewicht zu halten. Die TN sollen das rechte und linke Bein abwechselnd ausprobieren und herausfinden, auf welchem Bein sie besser das Gleichgewicht halten können. Ein Rollstuhlfahrer versucht das Gleichgewicht auf 2 Reifen zu halten.

Anleitung:

Wenn sich die TN für ein Bein entschieden haben, sollen sie ihre Augen schließen und versuchen, auf einem Bein stehen zu bleiben. Hier wird der eine oder andere TN ggf. ins Schwanken kommen oder gar umfallen.

Wenn die TN mit geschlossenen Augen stehen können, nehmen sie ihren Kopf in den Nacken (Augen bleiben geschlossen). Es wird kaum einem TN gelingen in dieser Position das Gleichgewicht zu halten.

Sollte es TN geben, die stehen bleiben, so kann der Untergrund, auf dem der TN steht, durch ein Balance-Pad oder eine Weichbodenmatte verändert werden.

MODIFIZIERUNG:

TN mit starken Gleichgewichtsproblemen führen die Übung entweder mit geöffneten Augen durch oder sie stellen ihre Beine eng zusammen, sodass sich die Fußknöchel berühren und schließen dann die Augen. Alternativ werden die Füße im Entenschritt (Hacke vor die Spitze) gestellt und die Übung wird mit geschlossenen Augen probiert.

TIPP:

Mit einer Stoppuhr kann die Zeit gemessen werden, wer wie lange stehen bleiben kann. Hier kann ein Rollstuhlfahrer durchaus die längste Zeit erreichen.

9. ANKUPPELN

Zutaten:

- 8-30 TN
- 10-20 Minuten
- Basis: Kein Materialbedarf
  Modifizierung:
- drinnen & draußen
- ab 60 m²
- Ausdauer
- dynamisch

Ziel:
Alle TN sollen paarweise in Bewegung sein. Es kommt durch einen einzelnen TN, der sich an ein Paar ankuppelt, immer wieder zu einem dynamischen Partnertausch in einem ständigen Wechsel. Die TN sind unentwegt in Bewegung, ob sie gehen oder laufen, bleibt den TN selbst überlassen. Durch den steten Partnertausch wird es nie langweilig.

Organisation/Aufbau:
2 TN stehen nebeneinander und gehen los.

Anleitung:

Die TN bewegen sich kreuz und quer durch den Raum. Ein einzelner TN bewegt sich allein durch den Raum, dieser kann an einer Seite eines Pärchens ankuppeln. Tut er dies, löst sich der TN auf der anderen Seite des Pärchens der gegenüberliegenden Seite und sucht seinerseits nach einem neuen Pärchen zum Ankuppeln.

MODIFIZIERUNG:

Einigen TN fällt das Ankuppeln sehr schwer, da es keine direkte Verbindung zu dem Partner gibt. Hier bietet sich an, eine Verbindung mit einem Zaubertuch herzustellen. Ein Handtuch erfüllt ebenfalls den Zweck. Das Paar hält sich am Tuch fest. In unserem Fall ist Max alleine unterwegs und sucht sich ein Pärchen zum Ankuppeln.

Alle TN bewegen sich durch den Raum. Max bewegt sich dazwischen und hat die Möglichkeit nach einem freien Tuch zu greifen.

Wenn er ein Tuch ergreift, lässt der TN, der angekuppelt wurde, auf der anderen Seite das Tuch los. Der jetzt frei gewordene TN sucht sich ein anderes Pärchen zum Ankuppeln.

In einem schnelleren Spielfluss eignen sich Zaubertücher (Jongliertücher) sehr gut, da der einzelne TN auch in hohem Tempo bessere Chancen hat, das Tuch zu ergreifen.

TIPP:
Wenn das Spiel zu schnell wird, ist es hilfreich die Spiel – bzw. Bewegungsfläche zu verkleinern. Dies nimmt den TN die Möglichkeit hohe Geschwindigkeiten aufzunehmen.

10. PFIFF LAUF

Zutaten:

- 👥 8 - 30 TN
- ⏱ 10-20 Minuten
- 🛠 Basis:
  Kein Materialbedarf
  Modifizierung:
  Kein Materialbedarf
- 📍 drinnen & draußen
- ↔ ab 80 m²
- ✔ Ausdauer (Koordination: Orientierung, Reaktion, Umstellung)
- ▲ dynamisch

Ziel:
Alle TN bewegen sich in Paaren hintereinander durch den Raum. Auf verschiedene Kommandos vom ÜL müssen die TN bestimmte Laufaufgaben in Bewegung lösen. Diese wechseln sich immer wieder ab. Die TN dürfen nie stehen bleiben, sie sind immer in Bewegung.
Es kommt zu einem stetigen Wechsel von Orientierung, Reaktion und Umstellung, verpackt in einer Ausdauereinheit.

Organisation/Aufbau:
Alle TN laufen paarweise hintereinander durch den Raum. Der ganze Raum soll genutzt werden. TN mit einer Gehbehinderung bewegen sich gehend. Der vordere TN bestimmt die Laufrichtung und das Tempo.

Anleitung:

Der ÜL pfeift 1x so laut, dass es alle TN hören können (wenn der ÜL nicht pfeifen kann, wird eine Triller-Pfeife zur Hilfe genommen). Der Pfiff ist das Signal, dass der hintere TN den vorderen TN im Laufen überholt, sich vor ihm platziert und damit der neue Richtungs- und Geschwindigkeitsgeber ist.

Dies wiederholt der ÜL 3-5 mal, bis alle TN einen Rhythmus des Überholens gefunden haben. Wenn der ÜL 2x pfeift, ist dies das Kommando für beide TN im Laufen kurz inne zu halten und sich um 180° auf der Stelle zu drehen, bevor sie weiterlaufen. Durch die Drehung kommt es wieder zu einem Führungswechsel.

Wenn der ÜL 3x kurz hintereinander pfeift, umkreist der hintere TN den vorderen TN 1x im Laufen und stellt sich hinten wieder an.

Wenn die TN die 3 verschiedenen Kommandos beherrschen, können diese wahllos hintereinander gepfiffen werden. Somit bleiben die TN immer in Bewegung und müssen sich immer wieder neu einstellen bzw. umstellen.

MODIFIZIERUNG:

Diese Form des Ausdauertrainings lässt sich beliebig weit modifizieren. Es können weitere Kommandos eingefügt werden. Bei TN, die aufgrund einer Hörbehinderung das Signal des Pfeifens nicht wahrnehmen können, hält der ÜL Gegenstände hoch, die jeweils eine Laufanweisung anzeigen. In einer weiteren Modifizierung bereitet es besonders viel Freude, andere Klänge mittels Trommel, Hupe, Rassel usw. einzufügen.

TIPP:

Es können auch verschiedene Geräusche unmittelbar hintereinander erklingen und die TN müssen die jeweiligen Aufgaben nacheinander absolvieren.

Wenn eine Gruppe eine ungerade Anzahl an TN hat, können 3-er Gruppen gebildet werden. Die TN laufen dann in einer Schlange hintereinander. Die Bewegungsaufgaben bleiben identisch. Bei dem Umkreisen oder Überholen läuft immer nur der letzte TN aus der Schlange.

11. WOLF & SCHAFE

Zutaten:

- 👥 10 - 30 TN
- ⏱ 10-20 Minuten
- 🛠 Basis:
  Kein Materialbedarf
  Modifizierung:
  Kein Materialbedarf
- 📍 drinnen & draußen
- ✥ ab 80 m²
- ✔ Ausdauer & Spaß
- ▲ dynamisch

Ziel:
Dieses Spiel dient dem Ausdauertraining im Bereich der Kurzzeitausdauer. Es kommt zu andauernder Bewegung, die durch ständige statische Unterbrechungen einzelne Ruhephasen beinhaltet. Klassisch handelt es sich um ein Lauf- und Fangspiel. Durch kleine Modifizierungen in den Spielregeln eignet es sich sehr gut für heterogene Gruppen.

Organisation/Aufbau:
Die TN laufen kreuz und quer durch den Raum. Es gibt einen Wolf, dieser sollte mittels Kleidung oder anderer Utensilien klar und deutlich zu erkennen sein. In unserem Beispiel trägt der Wolf Jörg ein gelbes T-Shirt. Alle anderen TN sind Schafe.

Anleitung:

Der Wolf bewegt sich auf die Gruppe zu. Die Schafe versuchen zu flüchten.

Meistens fixiert der Wolf einen TN, den er versucht anzutippen. Wie auf dem Foto zu sehen, gibt es einige TN, die sich daher nicht bewegen müssen, sondern abwartend beobachten.

Wenn ein TN berührt wurde, bleibt dieser auf der Stelle stehen. Wenn er von einem noch freilaufenden Schaf berührt wird, darf sich der eingefrorene TN wieder bewegen.

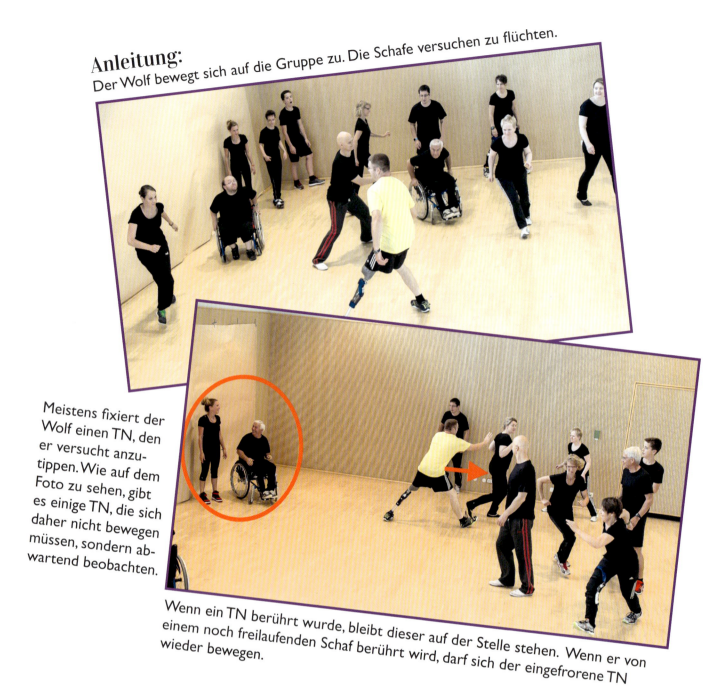

1. MODIFIZIERUNG:

Damit sich mehr TN kontinuierlich bewegen, wird ein zweiter Wolf dazu genommen, auch dieser wird wieder kenntlich gemacht.

Die zwei Wölfe können nun die ganze Gruppe in Bewegung halten.

Kommt ein dritter Wolf hinzu, können die Wölfe im Rudel jagen und es wird für die TN schwer, ihnen zu entkommen.

2. MODIFIZIERUNG:

Durch die klar erkennbaren Wölfe bleibt das Spiel ein klassisches Fang- und Laufspiel. Schwächere TN werden selten das Spiel bestimmen und verlieren meist schnell die Lust. In der weiteren Modifizierung des Spieles gibt es keine einzelnen Wölfe und auch keine Schafe mehr. Jeder TN ist beides, Wolf und Schaf zugleich. Jeder kann jeden jagen oder aber auch befreien. Aufgrund dieser kleinen Veränderung entsteht eine völlig neue Spieldynamik. Jeder TN kann nun für sich entscheiden, was er lieber sein möchte und sich entsprechend seiner Fertigkeit in das Spiel einbringen.
Wie auf dem Foto zu erkennen, entstehen viele Aktivitäten parallel.

Häufig kommt es zu Pattsituationen, in der sich 2 TN gleichzeitig berühren. Dann frieren beide TN ein und müssen auf „Erlösung" durch ein frommes Schaf hoffen.

frommes Schaf

TIPP:
Wenn das Spiel zu schnell und lebhaft wird, sollte die Spielfläche deutlich verkleinert werden, damit die TN in der erhöhten Laufgeschwindigkeit eingebremst werden.

12. BLINZEL MICH

Zutaten:

👥 10 - 20 TN

⏱ 10-15 Minuten

🛠 Basis:

Modifizierung:

📍 drinnen

↔ ab 50 m²

✔ Gruppenaktivität & Spaß, Reaktion

▲ statisch

Ziel:
Ein TN versucht, einen anderen TN mittels Zuzwinkern aufzufordern, vom Stuhl aufzuspringen und den eigenen Partner zu verlassen. Dieses Spiel fördert die Reaktionsfähigkeit.
Es kommt zu einer Kommunikation zwischen den TN und einer erhöhten Gruppenaktivität. Daher eignet sich dieses Spiel gut für zwischendurch als Energizer, aber auch für einen Stundenausklang.

Organisation/Aufbau:
Es werden halb so viele Stühle oder Hocker zu einem Sitzkreis aufgestellt wie TN anwesend sind. Ein TN sitzt auf dem Stuhl, ein anderer TN steht dahinter und nimmt die Arme hinter den Rücken. Ein TN hat einen leeren Stuhl vor sich stehen.

Anleitung:

Der TN mit dem leeren Stuhl versucht Blickkontakt zu einem sitzenden TN aufzunehmen und diesen gezielt anzublinzeln.

Dies ist die Aufforderung für den angeblinzelten TN, aufzuspringen und zu dem „Blinzler" zu laufen, ohne das der TN hinter dem jeweiligen Stuhl ihn berühren kann.

Schafft der TN dies, geht er zu dem freien Stuhl.

Der TN stellt sich hinter den Stuhl und der Blinzler nimmt auf dem Stuhl Platz. Gleichzeitig fängt der TN, dessen Stuhl frei geworden ist, mit einer neuen Runde an zu blinzeln.

MODIFIZIERUNG:

Wenn das Leistungsniveau zwischen den TN zu groß ist oder kein Spielfluss entsteht, nehmen die TN hinter den Stühlen einen Schritt Abstand vom Stuhl.
Stühle sind für den Spielverlauf mit TN im Rollstuhl ungeeignet. Die Lehne ist ein direktes Hindernis für den Rollstuhlfahrer beim Zugreifen (siehe Foto). Hier sind Hocker die Lösung. Pezzi-Bälle sind nicht zu empfehlen, die Unfallgefahr ist hier zu groß.

TN mit einer Sehbehinderung werden parallel zu dem Blinzeln mit einem akustischen Signal gerufen. Erklingt das jeweilige Signal, reagiert der TN ebenfalls mit Aufspringen, geht aber lediglich 2-3 Schritte und wird dann vom Blinzler abgeholt. Wenn der TN mit einer Sehbehinderung selbst Blinzler wird, ruft er einen Namen statt zu blinzeln.

TIPP:
Besteht bei Paaren ein großer Leistungsunterschied, kann es vorkommen, dass der sitzende TN den Stuhl nicht verlassen kann. Lösung: Eine Stoppuhr wird auf 2 Minuten gestellt, wenn diese klingelt wechseln die TN Ihre Position. Der TN auf dem Stuhl stellt sich hinter den Stuhl und umgekehrt.

13. ICH SITZE IM GRÜNEN

Zutaten:

- 10 - 20 TN
- 10-15 Minuten

Basis:

 *

Modifizierung:

- drinnen
- ab 50 m²
- ✔ Gruppenaktivität & Spaß, Reaktion
- ▲ statisch

Ziel:
In einem Sitzkreis ist ein Stuhl frei, der möglichst schnell von einem TN besetzt werden soll. In einer steten Abfolge kommt es zu einem Wechsel der Sitzpositionen der TN. Die TN müssen reagieren und sagen begleitend zu dem Sitzwechsel: „Ich sitze!", dieser Satz wird von den darauf folgenden TN aufgenommen und muss vervollständigt werden mit den Worten: „ ...im Grünen..." und zuletzt „...und wünsche mir die/den ... herbei!".

*Alternativ kann auch ein Hocker benutzt werden.

Organisation/Aufbau:
Alle TN sitzen in einem Stuhl- oder Hockerkreis. Es befindet sich ein Stuhl mehr im Kreis als TN. Die Stühle sollten recht eng zusammenstehen.

Anleitung:

Der ÜL fordert den TN, der rechts neben dem leeren Stuhl sitzt, auf, sich auf diesen zu setzen. Gleichzeitig sagt der TN laut und deutlich: „Ich sitze!"

Auf den frei gewordenen Stuhl setzt sich der nächste rechte TN mit den Worten: „im Grünen!"

Der nächste rechte TN wechselt den Stuhl mit den Worten: „und wünsche mir Sandra herbei!" (der gerufene Name ist die freie Entscheidung der TN selbst)

Sandra springt auf und läuft zum freien Stuhl.

Die zwei TN (Carla und Angela) die unmittelbar rechts und links neben Sandra saßen, versuchen möglichst schnell den frei gewordenen Stuhl zu besetzen.

Derjenige von beiden, der schneller reagiert, setzt sich auf den Stuhl ...

... und startet wieder: „Ich sitze!"

MODIFIZIERUNG:

TN mit einer Gehbehinderung oder Rollstuhlfahrer können aktiv in das Geschehen eingebaut werden. Hinter dem Rollstuhlfahrer wird zu Beginn ein Stuhl platziert.

Auf den Platzwechsel von Carla folgt der nächste TN wieder mit den Worten: „Im Grünen!". Daraufhin fährt der Rollstuhlfahrer mit seinem Rollstuhl ebenfalls einen Platz weiter. Hierfür wird der frei gewordene Stuhl nach hinten geschoben und der Rollstuhlfahrer sagt: „Und wünsche mir ... herbei!"

Der Stuhl, der hinter dem Rollstuhl stand, wird nun auf den freien Platz geschoben, dort nimmt der „gewünschte" TN Platz und das Spiel nimmt seinen Lauf.

TIPP:
Um auch dem Rollstuhlfahrer die Chancengleichheit im Wettstreit um einen Stuhl zu geben, bekommt jeder TN ein Sandsäckchen. In der Mitte des Kreises steht ein Eimer. Sobald ein Stuhl frei wird, versuchen die 2 TN rechts und links des leeren Stuhles, schnell ihr Säckchen in den Eimer zu werfen. Der TN dessen Säckchen im Eimer landet, darf den freien Platz belegen. Treffen beide Säckchen, zählt das Säckchen, das als erstes im Eimer gelandet ist.

14. MEINE BEINE, DEINE BEINE

Zutaten:

👥 10-30 TN

⏱ 8-12 Minuten

🛠 Basis:

 *

Modifizierung:

📍 drinnen

⬚ ab 30 m²

✔ Gruppenaktivität & Spaß, Rhythmus, Umstellung

▲ statisch

Ziel:
Über ein vorgegebenes Bewegungsmuster verbessern sich die Rhythmisierungs- und Umstellungsfähigkeit.
Aufgrund der Anforderung an die ganze Gruppe und der engen Sitzpositionen dient dieses Spiel hervorragend der Gruppengemeinschaft. Was in der theoretischen Darstellung der Übungsreihe so einfach wirkt, ist in der Praxis um so komplexer.

*Alternativ kann auch ein Hocker benutzt werden.

Organisation/Aufbau:
Alle TN sitzen in einem engen Stuhl- oder Hockerkreis. Die Hände liegen auf den eigenen Oberschenkeln. In der Ausgangsposition klatschen die TN mit den Händen auf die eigenen Oberschenkel und rufen: „Meine Beine!"

Anleitung:

Im nächsten Schritt drehen die TN sich mit ihrem Oberkörper leicht zur rechten Seite und klatschen mit den Worten „Deine Beine!" mit beiden Händen auf die beiden Oberschenkel des *rechten Nachbarn*.

Dann wieder zurück in die Ausgangsstellung, mit einem Klatschen auf die eigenen Oberschenkel und den Worten „Meine Beine!"

Jetzt drehen sich die TN mit ihrem Oberkörper leicht zur *linken* Seite und klatschen mit den Worten „Deine Beine!" mit beiden Händen auf die beiden Oberschenkel des *linken Nachbarn*.

Zurück in die Ausgangsstellung mit den Worten „Meine Beine!".

Die TN drehen sich mit ihrem Oberkörper leicht zur *rechten* Seite und klatschen mit den Worten „Unsere Beine!" mit der linken Hand auf ihr eigenes rechtes Bein und mit der rechten Hand auf den linken Oberschenkel des *rechten* Nachbarn.

Zurück in die Ausgangsstellung mit den Worten „Meine Beine!".

Die TN drehen sich mit ihrem Oberkörper leicht zur *linken Seite* und klatschen mit den Worten „Unsere Beine!" mit der rechten Hand auf ihr eigenes linkes Bein und mit der linken Hand auf den rechten Oberschenkel des *linken Nachbarn*.

Zurück in die Ausgangsstellung mit den Worten „Meine Beine!".

Die TN klatschen mit den Worten „Eure Beine" mit der rechten Hand auf den linken Oberschenkel des *rechten Nachbarn* und mit der linken Hand auf den rechten Oberschenkel des *linken Nachbarn*.

Zurück in die Ausgangsstellung mit den Worten „Meine Beine!". Die Bewegungs- und Wortfolge beginnt wieder von Anfang. Ziel ist es, in einen Rhythmus mit der gesamten Gruppe zu gelangen.

MODIFIZIERUNG:

Egal, welche Art der Behinderung oder Beeinträchtigung vorliegt, alle TN können hier mitmachen. Einzige Ausnahme sind Menschen mit einer Mehrfachschwerstbehinderung. Für TN, die unter Hypochondrie leiden, bietet sich eine Alternative mittels Drumsticks an. Hierfür steht vor jedem TN ein Hocker im Sitzkreis. Mit den Drumsticks wird in der gleichen Bewegungsabfolge auf den Hocker getrommelt wie zuvor das Klatschen auf den Oberschenkel. Der Wortlaut „Meine Beine – Deine Beine- usw." wird durch „Mein Hocker – Dein Hocker – usw." ersetzt.

TIPP:
Als Ersatz für Drumsticks können auch Fliegenklatschen, Klobürsten oder ähnlich geeignete Materialien genutzt werden. Sind Hocker zu niedrig, können auch Stühle genommen werden. Hierbei wird gegen die Lehne getrommelt. Sehr viel Freude bereitet es auch, auf einem Hocker einen umgedrehten Eimer mittels einem Klebeband oder Schnur zu befestigen und auf den Eimerboden zu trommeln.

15. PUPPENSPIELER

Zutaten:

- 6-30 TN
- 5-15 Minuten
- Basis: Kein Materialbedarf
  Modifizierung: *
- drinnen
- ab 30 m²
- Gruppen-/Partneraktivität, Entspannung
- statisch

Ziel:
Der Kreativität sind bei dieser Übung keine Grenzen gesetzt.
Die TN werden zu einer Puppe und nehmen verschiedene Positionen ein, in die sie der Puppenspieler zuvor gezogen, geführt oder gelenkt hat. Es können statische Halteübungen präsentiert werden oder aussagekräftige Figuren.

* Nach Bedarf viele andere Utensilien.
Alternativ kann auch ein Hocker benutzt werden.

Organisation/Aufbau:
Die Gruppe wird in 2-er Gruppen eingeteilt. Ein TN ist der Puppenspieler, der andere TN stellt die Puppe dar. Jede Puppe hat imaginäre Fäden an allen Extremitäten, an denen der Puppenspieler ziehen kann, um die Puppe in eine bestimmte Position zu bringen.

Anleitung:

Der Puppenspieler zieht einen Arm mittels der „unsichtbaren" Schnur in die Höhe. Damit die Puppe merkt, wo eine Bewegung stattfinden soll, tippt der Spieler einmal auf das entsprechende Gelenk. Sobald er die Schnur loslässt, friert der Arm in dieser Position ein und wird von der Puppe dort gehalten.

Die Puppe kann ihren Kopf selbstständig bewegen, um zu sehen, in welche Position die Gliedmaßen bewegt werden sollen.
Der eingefrorene Arm kann bei Bedarf immer wieder verändert werden.

Sind die Arme in Position gebracht, kann sich der Puppenspieler Rumpf oder Beinen widmen.

Steht der Kopf in der richtigen Position, können die einzelnen Gesichtsmuskeln der Puppe aktiviert werden. Hierzu tippt der Spieler auf die Partie im Gesicht, die verändert werden soll. In unserem Fall tippt Sina auf den linken Mundwinkel von Sven.

Weiter geht es mit dem Kopf. Um den Kopf in eine bestimmte Richtung zu bewegen, tippt der Spieler einmal auf die Nase der Puppe.

Sina kann jetzt den Mund gezielt verändern.

Mit etwas Übung und Geschick des Puppenspielers und Feinfühligkeit der Puppe lassen sich die interessantesten Figuren formen.

MODIFIZIERUNG:

Für Rollstuhlfahrer ist die Puppe selbst kein Problem in der Darstellung.
Als Puppenspieler selbst bedient sich der Rollstuhlfahrer einer Zeigehilfe, wie z.B. einem Gymnastikstab oder ähnlichem.

Ein Puppenspieler kann mit zwei Puppen ein „Figuren-Bild" gestalten.

Auch das Ausstatten einer Puppe mit verschiedenen Utensilien hat seinen Reiz.

TIPP:
Je häufiger die Gruppe den Puppenspieler erlebt, desto kreativer werden mit der Zeit die Figuren.
Der Puppenspieler ist nicht nur ein Spiel für nur eine Stunde, sondern lebt davon, immer wieder aus der Kiste geholt zu werden.

16. SHERLOCK HOLMES

Zutaten:

 10-30 TN

⏱ 10-25 Minuten

🛠 Basis:

 *

Modifizierung:

📍 drinnen

↔ ab 30 m²

✔ Gruppen-/Partneraktivität, Entspannung

▲ statisch

Ziel:
Ein TN wird zu Sherlock Holmes oder Miss Marple, es gilt einen mysteriösen Fall aufzuklären. TN aus der Gruppe schlafen wie von Geisterhand ein und wachen nicht mehr auf. Warum schlafen die anderen TN ein? Der Fall muss gelöst werden, bevor alle TN eingeschlafen sind.

*Alternativ kann auch ein Hocker benutzt werden.

Organisation/Aufbau:
Der ÜL schickt einen TN vor die Türe. Dieser TN ist ab jetzt Sherlock Holmes oder Miss Marple. Die Gruppe sitzt in einem großen Innenstirnkreis auf Stühlen, Hockern oder Pezzibällen. Während Sherlock draußen vor der Türe wartet, bestimmt der ÜL einen TN, der den Gangster spielt. Der Gangster hat einen hypnotischen Blick, blinzelt er einen TN an, schläft dieser sofort ein.

Anleitung:

Sherlock kommt wieder in den Raum und wird vom ÜL über die Situation aufgeklärt: Er soll herausfinden, warum einzelne TN ohne ersichtlichen Grund einschlafen und nicht mehr erwachen. Der Gangster setzt möglichst unauffällig seinen hypnotischen Blick ein.

Wenn Sherlock keine Idee hat was passiert, hilft der ÜL mit dem Hinweis, dass sich ein Gangster sich in der Runde befindet, den er finden muss. Er hat 2 Versuche diesen zu finden.

Beschuldigt er den Falschen, geht es weiter.

Ertappt er den Gangster auf frischer Tat, kann er ihn direkt dingfest machen.

MODIFIZIERUNG:

Die Ausführung der Tat kann verändert werden. Anstelle des hypnotischen Blickes kann unauffällig mit dem Finger gezeigt werden. Oder ein Schulterzucken in Kombination mit Blickkontakt lässt die TN einschlafen. Bei TN mit einer Sehbehinderung können akustische Signale eingebaut werden.

Das gesamte Spiel kann auch bewegt durch den Raum durchgeführt werden, hierbei kann es zum Einfrieren von TN kommen, die taktil auf eine bestimmte Art berührt wurden.

Vielen TN bereitet es besondere Freude auf dramatische Art und Weise dem Gangster zum Opfer gefallen zu sein.

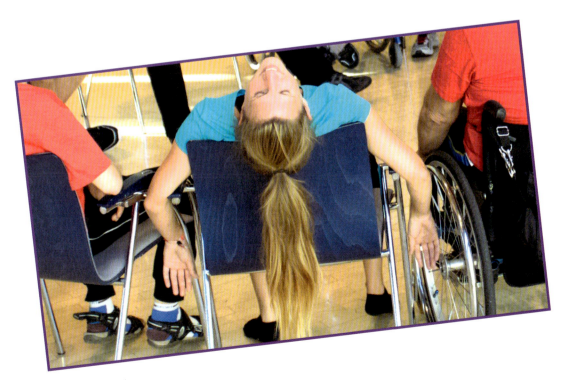

TIPP:
Der ursprüngliche Gangster wird zu Sherlock Holmes, wenn er entdeckt wurde.

17. BÄRENJAGD

Zutaten:

- 10-30 TN
- 10-15 Minuten
- Basis: Kein Materialbedarf
  Modifizierung: Kein Materialbedarf
- drinnen & draußen
- ab 60 m²
- Gruppenaktivität, Spaß und Bewegung
- statisch bis leicht dynamisch

Ziel:
Die TN gehen mit dem ÜL zusammen einen Bären jagen, der tief in einem Wald wohnt. Der ÜL erzählt eine Geschichte mit immer wiederkehrenden Elementen, die in Wortlaut und Bewegungsaufgaben mit allen TN gemeinsam durchgeführt werden, um gemeinsam den Bären zu finden.

Organisation/Aufbau:
Der Raum wird in zwei Hälften zu 1/3 und 2/3 mittels einer optischen Begrenzung aufgeteilt (in unserem Fall ein Seil). Der ÜL befindet sich auf der kleineren Hälfte. Die TN stehen ihm in einer Blockformation gegenüber. Der ÜL erklärt den TN, dass sie alles wiederholen sollen, was er sagt oder tut. Er begrüßt die TN mit den Worten: „Hallo!" Die TN erwidern: „Hallo!"

Anleitung:

Der ÜL: „Wir gehen heute auf Bärenjagd! Aber wir haben keine Angst!" Dabei hebt er den Zeigefinger nach oben und bestärkt damit seine Aussage. Die TN wiederholen die Aussage und tun es ihm gleich.

Wir haben keine Angst!

Der ÜL: „Wir haben unsere Fäuste!", dabei zeigt er seine Fäuste und die TN wiederholen es.

Wir haben unsere Fäuste!

Wir haben unseren Knüppel!

Der ÜL: „Wir haben unseren Knüppel!", dabei hält er einen imaginären Knüppel in der Hand und die TN wiederholen es.

Der ÜL: „Wir haben unsere Pistolen!", dabei formt er mit den Händen jeweils eine Pistole, hält sie in die Luft und die TN wiederholen es.

Wir haben unsere Pistolen!

Der ÜL: „Also los!" er läuft los, die TN wiederholen es und tun es ihm gleich.

HUUUCHH!

Nach 20-30 Sekunden schreit der ÜL laut auf: „Huuuuuuchhhh!" und bleibt abrupt stehen. Die TN tun es ihm gleich.

Der ÜL: „Was ist das?", die TN wiederholen es, der ÜL: „Es ist nass, es ist kalt und es ist flüssig!", dabei fühlt der ÜL mit seinen Händen am Boden. Die TN tun es ihm gleich. Der ÜL: „Es ist ein Fluss!", die TN wiederholen es.

Es ist ein Fluss!

Der ÜL: „Wir kommen nicht rechts vorbei!" und beugt sich nach links (spiegelverkehrt für die TN), die TN wiederholen es.

Wir kommen nicht rechts vorbei!

Wir kommen nicht links vorbei!

Der ÜL: „Wir kommen nicht links vorbei!" und beugt sich nach rechts (spiegelverkehrt für die TN), die TN wiederholen es.

Der ÜL: „Wir kommen nicht darunter durch!" und beugt sich nach unten, die TN wiederholen es.

Wir kommen nicht darunter her!

Der ÜL: „Wir kommen nicht darüber!" und streckt sich mit den Armen und Händen nach oben, die TN wiederholen es.

Wir kommen nicht darüber!

Den Fluss durchwaten!

Der ÜL: „Wir müssen mitten durch!" Die TN wiederholen es. Der ÜL: „Wir haben keine Angst!", die TN wiederholen es, der ÜL: „Wir haben unsere Fäuste!" und zeigt seine Fäuste... (siehe oben). Bei: „Also los!" fängt der ÜL an, durch Wasser watende Schritte darzustellen. Die TN tun es ihm gleich.

So gelangt die Gruppe durch den Fluss und immer weiter und tiefer in den Wald hinein.
Immer dann, wenn der ÜL ruft: „Huuuucchh! Was ist das!?" gibt es ein Hindernis, das überwunden werden muss. Es gibt eine Dornenhecke, die durchschritten werden muss.
Umgefallene Bäume, über die die Gruppe klettern soll. Nebel, der so dicht ist, dass man vorsichtig voran schleichen muss.
Immer wieder heißt es:
„Wir kommen nicht rechts vorbei!
Wir kommen nicht links vorbei!
Wir kommen nicht drunter durch!
Wir kommen nicht darüber!
Aber wir haben keine Angst!
Wir haben unsere Fäuste!
Wir haben unseren Knüppel!
Wir haben unsere Pistolen!
Also LOS!"
Zu guter Letzt kommt die Gruppe in eine dunkle Höhle, dort finden sie tastender Weise einen Bären. Obwohl sie keine Angst haben, bekommen sie jetzt zittrige Knie. Der ÜL flüstert mit zittriger Stimme:
„Wir haben keine Angst!
Wir haben unsere Fäuste!
Wir haben unseren Knüppel!
Wir haben unsere Pistolen!"
Dann schaut er sich die Pistolen genauer an, dabei dreht er die Hände in der Luft langsam hin und her. Mit einem lauten „Hiiiiilfe!" wirft er die Fingerpistolen nach hinten über die Schulter.
Er rennt ganz schnell durch den Nebel, klettert über die Bäume, schlägt sich durch die Hecke, platscht durch den Fluss zurück nach Hause in sein Zimmer und zieht die Bettdecke über den Kopf mit den Worten: „Ne, ne, ne dann doch lieber zum Sport gehen!"

MODIFIZIERUNG:

Es gibt keine körperliche oder andere Behinderung, die eine Modifizierung notwendig machen würde.

TIPP:
Wenn die TN vor Spielbeginn gefragt werden, was sie im Wald kennen, kann man diese Elemente in die Geschichte selbst mit einbauen, dies macht die Geschichte zu etwas besonderem.

18. KÖNIG GRRR

Zutaten:

- 10-30 TN
- 10-15 Minuten
- Basis: Kein Materialbedarf
  Modifizierung: Kein Materialbedarf
- drinnen & draußen
- ab 60 m²
- Gruppenaktivität, Spaß und Entspannung
- statisch bis leicht dynamisch

Ziel:
Der ÜL macht mit den TN eine Zeitreise in das Mittelalter. Es geht an den Hof des Königs Grrr. Der ÜL erzählt die Geschichte des Prinzen mit der stolzen Brust. Sämtliche Adjektive werden von dem ÜL und den TN über Gestik der Hände und Arme verdeutlicht.

Organisation/Aufbau:

Die TN sitzen gemeinsam mit dem ÜL in einem Sitzkreis. Die TN können auch in einem Block stehen und der ÜL ihnen gegenüber. Zu Anfang startet der ÜL mit den Worten: „Es war einmal der König Grrr!", dabei nimmt der ÜL seine Arme vor die Brust nach oben und formt mit den Händen Bärenkrallen und knurrt dabei. Die TN machen es ihm nach. Dies wiederholt der ÜL 2-3 mal.

Anleitung:

Der König Grrr (Bärenkrallen zeigen und knurren) hatte drei (die Zahl drei mit den Fingern anzeigen) Töchter. Eine sehr dicke hieß Prinzessin Booo (einen dicken Bauch mit beiden Händen und Armen andeuten), die Zweite war sehr lang und hieß Prinzessin Sssst (die rechte Hand vom Boden nach oben bewegen) und die Dritte war wunderschön und wurde Prinzessin Mmmmh (die rechte Hand in einer eleganten Bewegung durch die Haare streichen) genannt. Der König Grrr (Bärenkrallen zeigen und knurren) ließ im Volke (mit den Fingern auf alle TN im Raum deuten) verkünden, dass er für seine drei (die Zahl drei mit den Fingern anzeigen) Töchter einen Prinzen zur Heirat suchen würde.

Eines Tages kam der elegante Prinz mit der stolzen Brust (mit der rechten Faust auf die eigene Brust schlagen) zum Schloss geritten. Er ritt schnell durch das erste Tor (mit den Händen auf die Oberschenkel klopfen), noch schneller durch das zweite Tor (schneller patschen) und am schnellsten durch das dritte Tor (patschen so schnell es geht). Er stieg von seinem Ross ab (mit beiden Händen auf die Oberschenkel schlagen) und schritt die Treppenstufen zum Schloss empor (abwechselnd mit den Händen auf die Oberschenkel schlagen). Er öffnete die Schlosstüre (mit der rechten Hand die Türe aufziehen und ein quietschendes Geräusch machen) und schritt in den Thronsaal.

Dann stand er vor dem König Grrr (Bärenkrallen zeigen und knurren). Er fragte den König Grrr (Bärenkrallen zeigen und knurren): „Darf ich die wunderschöne Prinzessin Mmmmh (die rechte Hand in einer eleganten Bewegung durch die Haare streichen) heiraten?" Da sagte der König Grrr (Bärenkrallen zeigen und knurren): „Nein, das darfst du nicht! Du kannst die dicke Prinzessin Booo (einen dicken Bauch andeuten) oder die lange Prinzessin Sssst (die Hand vom Boden in die Luft bewegen) heiraten, aber die wunderschöne Prinzessin Mmmmmh (die rechte Hand in einer eleganten Bewegung durch die Haare streichen), die bekommst du nicht!"

Da setzte sich der elegante Prinz mit der stolzen Brust (mit der rechten Faust auf die eigene Brust schlagen) traurig (schluchzen) auf sein Pferd und ritt schnell durch das erste Tor (mit den Händen auf die Oberschenkel patschen), schneller durch das zweite Tor (schneller patschen) und am schnellsten durch das dritte Tor (patschen so schnell es geht). Er ritt und ritt bis es dunkle (die Hände vor die Augen halten) Nacht wurde.

(ÜL leise, schon fast flüsternd:)
Mitten in der Nacht setzte der elegante Prinz mit der stolzen Brust (mit der rechten Faust auf die eigene Brust schlagen) sich wieder auf sein Pferd und ritt ganz leise durch das erste Tor (leise auf die Oberschenkel patschen), noch leiser durch das zweite Tor (leiser patschen) und am leisesten durch das dritte Tor (kaum hörbar patschen). Er stieg von seinem Ross ab (mit beiden Händen leise auf die Oberschenkel schlagen) und schlich die Treppenstufen zum Schloss empor (abwechselnd mit den Händen auf die Oberschenkel streichen). Er öffnete die Schlosstüre (mit der rechten Hand die Türe aufziehen und ein quietschendes Geräusch machen und dann ein „Pppsssstt!") und schlich leise ins Schloss.

Er ging vorbei an dem Schlafgemach vom König Grrr (Bärenkrallen zeigen und knurren), der fürchterlich schnarchte (Schnarchgeräusche machen). Von dort schlich er weiter vorbei an dem Schlafzimmer der dicken Prinzessin Booo (einen dicken Bauch andeuten und schnarchen) und vorbei an dem Schlafzimmer der langen Prinzessin Ssst (die Hand vom Boden nach oben bewegen und schnarchen), bis er endlich vor dem Zimmer der wunderschönen Prinzessin Mmmh (die rechte Hand in einer eleganten Bewegung durch die Haare streichen) stand. Leise öffnete er die Türe (ziehende Bewegung mit der rechten Hand) und schlich hinein.

Er küsste die wunderschöne Prinzessin Mmmh (die rechte Hand in einer eleganten Bewegung durch die Haare streichen) mit einem lieblichen Kuss (einen Luftkuss machen) und fragte: "Willst du mich heiraten?" „Ja", antwortete sie. Sie schlichen leise (mit den Händen auf den Oberschenkeln reiben) vorbei an dem Zimmer der langen Prinzessin Ssst (die Hand vom Boden nach oben bewegen und schnarchen), noch leiser vorbei an dem Zimmer der dicken Prinzessin Booo (einen dicken Bauch andeuten und schnarchen) und ganz leise vorbei an dem Zimmer des schlecht gelaunten Königs Grrr (Bärenkrallen zeigen, knurren und schnarchen).

(ÜL ganz laut:)
Dann liefen sie so schnell sie konnten zum Pferd, stiegen auf und ritten im tosenden Galopp davon. Sie ritten ganz schnell durch das erste Tor (mit den Händen auf die Oberschenkel patschen), noch schneller durch das zweite Tor (schneller patschen) und super schnell durch das dritte Tor (patschen so schnell es geht). Sie ritten die ganze Nacht hindurch und als die Sonne aufging (mit den Händen und Armen eine Kreisbewegung in der Luft zeichnen), kamen sie zu dem Schloss des Prinzen und lebten beide glücklich und zufrieden (sich selbst umarmen) bis zum Ende ihrer Tage.

MODIFIZIERUNG:

Es bedarf keiner Modifizierung - hier können alle mitmachen!

TIPP:
Der König Grrr kann in der Geschichte an der einen oder anderen Stelle für erwachsene TN variiert werden. Lasst Eurer Kreativität freien Lauf!

19. MEMORYBALL

Zutaten:

- 10-20 TN
- 10-15 Minuten
- Basis:

Modifizierung:

Ziel:
Ein Ball wird in einer immer wiederkehrenden Reihenfolge von TN zu TN geworfen. Die Abfolge muss beibehalten werden und darf nicht verändert werden. Es entstehen im Spielverlauf mehrere Reihenfolgen, die parallel zueinander stattfinden und die TN immer wieder vor eine Herausforderung stellen.

- drinnen & draußen
- ab 30 m²
- Koordination: Umstellung, Orientierung, Gedächtnistraining
- statisch und dynamisch

Organisation/Aufbau:
Die Gruppe steht mit dem ÜL in einem Innenstirnkreis. Der ÜL hat zwei verschiedenfarbige Bälle in der Hand.

Anleitung:

Der ÜL wirft den grünen Ball einem TN seiner Wahl zu. In unserem Fall wirft er den Ball zu Dieter.

Dieter wirft den Ball weiter. Vor jedem Wurf muss der TN, der angespielt wird, namentlich gerufen werden.

Jeder TN darf den Ball nur einmal erhalten. Wenn alle TN den Ball hatten, wirft der letzte TN den Ball wieder zum ÜL. Diese Reihenfolge wird 2-3 mal wiederholt. Dann nimmt der ÜL den orangen Ball mit ins Spiel. Dieser Ball wird ebenfalls in der Abfolge geworfen, allerdings rückwärts zur schon bestehenden Wurffolge des grünen Balls. Die 2 Bälle überkreuzen sich somit an einer Stelle bei 2 TN.

Diese 2 Reihenfolgen werden solange wiederholt, bis sie fehlerfrei funktionieren. Es können weitere andersfarbige Bälle oder ein Pezziball hinzugenommen werden, um weitere Reihenfolgen einzustudieren.

MODIFIZIERUNG:

Aus der statischen Übung wird es dynamisch, sobald der Ball nicht mehr geworfen wird, sondern dem jeweiligen TN übergeben werden muss. Die Reihenfolgen bleiben identisch.

TN mit einer Schwerstmehrfachbehinderung absolvieren die Ballübergabe und Abfolge in einem Tandemmodel.

TIPP:
Es bereitet viel Spaß, wenn anstelle der Bälle Alltagsmaterialien eingesetzt werden, die übergeben werden müssen.

20. STEHBALL

Zutaten:

- 10-20 TN
- 10-15 Minuten
- Basis:

Modifizierung:

- drinnen & draußen
- ab 60 m²
- Koordination: Umstellung, Gedächtnistraining
- statisch/dynamisch

Ziel:
Eine Übungsform, die in drei Schritten in der Gruppe durchgeführt wird, mit dem Ziel, ein bestehendes Bewegungsmuster zu durchbrechen und umzugestalten. Diese Übung ist in ihrer Klarheit der Übungsabfolge völlig einfach und bereitet den TN dennoch immer wieder Schwierigkeiten. Da eine bekannte Bewegungsabfolge verändert wird, ergibt sich für die Umstellungsfähigkeit der TN eine besondere Herausforderung.

Organisation/Aufbau:
Die Gruppe steht mit dem ÜL in einem Innenstirnkreis. Ein TN befindet sich mit einem Ball in der Mitte des Kreises.

Anleitung:

Sandra rollt den Pezziball aus der Mitte zu einem beliebigen TN ihrer Wahl, sie rollt zu Dieter.

Sandra läuft zu einem TN ihrer Wahl und stellt sich hinter diesen. Dieser TN kommt in die Mitte und erhält von Dieter den Ball.

Der TN in der Mitte startet von vorne: Er rollt den Ball zu einem beliebigen TN seiner Wahl, er rollt zu Sina.

Während der Ball zu Sina rollt, sucht er sich eine neue Person aus, hinter die er läuft, hier zu Marita.

Marita läuft in die Mitte und bekommt den Ball von Sina. Marita startet dann wieder von vorne usw.

Es wird im Spielverlauf immer wieder zu folgenden Problemen kommen: Die TN möchten automatisch zu dem TN laufen, zu dem sie den Ball zuvor gerollt haben. Der TN, der am Kreisrand den Ball bekommen hat, möchte die eigene Position verlassen, sobald der Ball wieder in die Mitte gerollt wurde.

MODIFIZIERUNG:

Im weiteren Übungsverlauf kommen 2 TN mit jeweils einem Pezziball in die Runde.

Die Übungsabfolge bleibt bestehen. Die TN in der Mitte rollen den Ball zu jeweils einem TN im Kreis. Diese werden zu den „Pezziballhaltern".

Die TN gehen aus der Mitte in den Kreis und suchen sich 2 TN.

Sie stellen sich hinter diese.

Die neuen TN kommen in die Mitte und werden von den „Pezziballhaltern" wieder angespielt.

Die 2 TN starten wieder in eine neue Runde.

TIPP:
Es können immer mehr Bälle in das Spiel eingebracht werden. Für die TN besteht hier die Herausforderung, die Bälle den richtigen TN zuzuordnen und keinen Fehler in der Übungsabfolge zu machen.

21. TIGERBALL & KREUZBALL

Zutaten:

- 12-40 TN
- 10-25 Minuten
- Basis:

- Modifizierung:

- drinnen & draußen
- ab 40 m²
- Ausdauer
- dynamisch

Ziel:

Die Übungsform des Tigerballs kommt aus dem Leistungssportbereich und wird zur Verbesserung der Reaktionsfähigkeit und zum Koordinationstraining im Handball eingesetzt.

Ziel ist es, einen Spielball, wie z.B. den Handball, in einer Gruppe von drei Personen unentwegt in einer Wurf- und Laufabfolge in Bewegung zu halten. Es handelt sich um ein schnelles Spiel, welches durch eine kleine Modifizierung hervorragend geeignet ist, eine große Gruppe von verschiedenen Menschen mit den unterschiedlichsten Beeinträchtigungen und Behinderungen einzubinden und in Bewegung zu halten.

Organisation/Aufbau:

Es stehen 2 TN hintereinander, der vordere TN A hat einen Ball in der Hand. In einem Abstand von 2-4 Metern steht ein einzelner TN B dem TN A gegenüber.

Anleitung:
TN A wirft den Ball zu TN B.

Sobald der Ball geworfen wurde läuft TN A dem Ball hinterher...

...und stellt sich hinter TN B, der den Ball direkt wieder auf die andere Seite zu TN C wirft.

Nun liegt es an TN B, dem Ball hinter her zu laufen und sich hinter TN C zu stellen.

Jetzt wirft TN C den Ball usw.

> **TIPP:**
> In der Dreiergruppe ist diese Übungsform sehr schnell, sie verlangt von den TN ein hohes Maß an Reaktionsfähigkeit. Die TN sollten in den Gruppen nach Leistungsstärke zusammengesetzt werden.

1. MODIFIZIERUNG:

Die Gruppe wird vergrößert. Mit mehr TN wird das Tempo für den einzelnen TN jeweils entzerrt. Die Übungsdurchführung bleibt gleich wie bei der Grundform.

TIPP:
Das Tempo bzw. die Belastung kann hier gesteuert werden. Wenn ein TN schneller ist, läuft er komplett um die gegenüber stehende Gruppe herum und stellt sich in der eigenen Gruppe wieder an. Für TN, die eine geringe Belastung bevorzugen, bleibt es bei der halben Laufstrecke und dem Anstellen auf der gegenüberliegenden Seite.

2. MODIFIZIERUNG:

Es werden 4 Gruppen gebildet, die sich wie in der Ausgangssituation gegenüberstehen, allerdings in einer Kreuzform.

Der Ball wird überkreuz geworfen.

Die Werfer laufen nicht ihrem Ball hinterher, sondern gegen den Uhrzeigersinn außen an den jeweiligen anderen TN vorbei.

Sie stellen sich auf der gegenüberliegenden Seite wieder an.

Um die Geschwindigkeit zu reduzieren, kommen mehr TN hinzu.

TIPP:
Um mehr Dynamik und Abwechslung in das Spiel zu bringen, müssen die TN auf einen Pfiff vom ÜL die Laufrichtung ändern und mit dem Uhrzeigersinn laufen. Um Ballkontakte untereinander zu vermeiden, sollte ein Ball im Bogen und der Andere mit einem Aufsetzer (Preller) geworfen werden.

22. TENNISBALL CHAOS

Zutaten:

- 👥 12-20 TN
- ⏱ 5-15 Minuten
- 🛠 Basis:

Modifizierung:

- 📍 drinnen
- ↔ ab 60 m²
- ✔ Gruppenaktivität, Mannschaftsspiel, Wettkampf
- ▲ statisch/dynamisch

Ziel:
Tennisbälle werden vom eigenen Spielfeld in das Spielfeld der gegnerischen Mannschaft befördert. Ziel ist es, möglichst wenig Bälle auf der eigenen Seite zu haben.
Das Spiel schult nicht nur die Reaktionsfähigkeit, sondern bereitet viel Spaß und fördert die Gruppendynamik.

Organisation/Aufbau:
Die Gruppe wird in zwei Mannschaften eingeteilt. Die Halle wird in zwei Hälften geteilt. In unserem Fall ist die Begrenzung durch Gymnastikmatten gekennzeichnet. Der ÜL hat eine Stoppuhr mit der er 4 Minuten stoppen kann.

Anleitung:

Auf ein Startkommando des ÜL versuchen alle TN, möglichst viele Tennisbälle auf die gegnerische Seite zu rollen oder zu schießen. Nach 4 Minuten stoppt der ÜL das Spiel. Es werden die Bälle gezählt, die sich in den jeweiligen Feldern befinden. Die Mannschaft mit den wenigsten Bällen bekommt einen Punkt.

MODIFIZIERUNG:

TN mit einer Gehbehinderung oder Rollstühlen bekommen zusätzlich einen Gymnastikstab.

Mit dem Gymnastikstab können die TN den Tennisball in das gegnerische Feld katapultieren.

Der Stab ersetzt die Möglichkeit, den Ball mit dem Fuß zu schießen.

TIPP:
Wenn sich TN mit dem Gymnastikstab schwer tun, können auch Hockeyschläger oder andere Materialien genutzt werden.

23. FUSSBALL TENNIS

Zutaten:

- 4-10 TN
- 10-20 Minuten
- Basis:

Modifizierung:

- drinnen
- ab 60 m²
- Gruppenaktivität, Mannschaftsspiel, Wettkampf
- dynamisch

Ziel:
Es handelt sich um eine klassische Behindertensportart, die im Versehrtensport entstanden ist. Menschen mit Behinderungen oder Beeinträchtigungen der Arme spielen einen Ball über ein Netz. Das Regelwerk entspricht dem Tennisspiel.

Organisation/Aufbau:
Die Gruppe wird in 2 Mannschaften aufgeteilt. Optimalerweise gibt es 3 TN pro Mannschaft. Das Feld wird durch ein Netz oder eine Schnur geteilt. In der einfachen Spielform bedarf es keiner Außenlinien.

Anleitung:

Der Ball wird mit dem Fuß über die Schnur oder das Netz in das gegnerische Feld gespielt. Der Ball muss auf der gegnerischen Seite einmal auftitschen, bevor er vom Gegner angenommen wird. In der einfachen Spielform spielen sich die TN den Ball bei der Annahme untereinander zu. Jeder TN muss den Ball einmal berührt haben. Zwischen den einzelnen Kontakten muss der Ball jeweils einmal auftitschen. Erst der letzte TN der eigenen Mannschaft darf den Ball zurück über das Netz spielen.

Es werden Fehlerpunkte gezählt. Als Fehler zählt:
1. Wenn der Ball nicht von allen TN gespielt wurde, bevor er ins gegnerische Feld gespielt wird.
2. Wenn der Ball im eigenen Feld 2x auftitscht, bevor er gespielt wird.
3. Ein TN berührt den Ball 2x hintereinander.
4. Der Ball wird mit einem anderen Körperteil als den Beinen berührt.
5. Ein TN spielt einen „Netzroller".

MODIFIZIERUNG:

Zu Anfang haben alle TN das Problem, den Ball nicht richtig zu treffen oder aber zu langsam zu sein. Um dies auszugleichen, sollte der Ball durch einen Zeitlupenball oder einen Wasserspielball ersetzt werden. Jede Gruppe spielt sich den Ball untereinander zu. Ziel ist es, dass der Ball vor jedem Ballkontakt einmal auftitscht.

Anschließend spielen die Mannschaften gegeneinander. Die Grundregeln bleiben bestehen.

TN mit einer Gehbehinderung können im Fußball-tennis mit einem Gymnastikstab mitspielen, mit dem sie den Ball schlagen.

TIPP:

Wenn TN sich mit dem Gymnastikstab zu schwer tun, können diese auch einen Tennisschläger oder ähnliches nutzen.

24. PRELLBALL

Zutaten:

- 6-12 TN
- 15-30 Minuten
- Basis:

  Modifizierung:

- drinnen
- ab 60 m^2
- Gruppenaktivität, Mannschaftsspiel, Wettkampf
- dynamisch

Ziel:
In diesem Mannschaftsspiel spielen drei Mannschaften gegeneinander. Ziel ist es, durch taktisches Geschick keine Fehlerpunkte zu sammeln und die anderen zwei Mannschaften gegeneinander auszuspielen.

Organisation/Aufbau:
Die Mannschaft wird in 3 Gruppen aufgeteilt. Optimalerweise gibt es 2-4 TN pro Mannschaft.
Bei ungerader TN Zahl können die Felder verschieden besetzt werden z.B. 2:3:2. Die Felder werden durch Langbänke oder Gymnastikmatten abgegrenzt. Alle drei Felder haben die gleiche Größe. Jedes Feld hat die Maße von 4x5 Meter. Diese Größe kann individuell an die TN-Gruppe und Raumgröße angepasst bzw. variiert werden.

Anleitung:

Das Los entscheidet, welche Mannschaft das Spiel startet. Der Volleyball wird von einem TN einmal geprellt und dann mit der Hand oder Faust von unten in das nächste Feld gespielt. Der Ball muss in diesem Feld einmal auftitschen und wird dann von einem TN schlagend mit der Hand/Faust angenommen.

Ball wird von unten geschlagen

1. Kontakt
2. Kontakt
3. Kontakt

Innerhalb eines Feldes muss der Ball drei TN-Kontakte haben, bevor der Ball in das nächste Feld gespielt wird.

Die Mitte spielt den Ball abwechselnd ins rechte und linke Feld. Von dort geht es dann wieder zur Mitte usw. Regelwerk:

1. Der Ball darf bei der Weitergabe immer nur einmal auf den Boden titschen.
2. Beim Wechsel von einem Feld zum anderen darf der Ball nicht von oben geschlagen werden (kein Schmettern), ebenfalls nicht von der Seite.
3. Das Spielen in das gegnerische Feld ist nur von unten (unter Gürtelhöhe) erlaubt. Innerhalb der eigenen Mannschaft darf der Ball nach eigenem Ermessen gespielt werden.
4. Der Kontakt mit beiden Händen ist nicht erlaubt. Der Ball darf nur mit der Hand/Faust berührt werden.
5. Das Auftitschen auf die Feldbegrenzung (Bank oder Matte) zählt als Fehler des letzten ballschlagenden TN.
6. Es werden die Fehlerpunkte einer Mannschaft gezählt. Bei 5 Fehlerpunkten wechseln die Mannschaften die Felder. Es wird dreimal gewechselt, bis alle Felder von jeder Mannschaft gespielt wurden. Gewonnen hat die Mannschaft mit den wenigsten Gesamtfehlerpunkten.

MODIFIZIERUNG:

Da der Volleyball sehr schnell ist, sollte für ältere TN-Gruppen oder TN mit starken Beeinträchtigungen und/oder Behinderungen der Ball durch einen Overball ersetzt werden.

Wenn auch dieser Ball zu schnell ist, liegt die Lösung in einem handelsüblichen Wasserspielball. Dieser wird mit einem Kompressor handfest aufgeblasen.

Trotz seiner verlangsamten Flugphase erreicht der Wasserball eine gewisse Höhe.

TIPP:
Der ÜL sollte jeden Regelverstoß sofort ahnden. Vor allem das Schlagen des Balles von über Hüfthöhe muss von Anfang an reglementiert werden.

25. SITZBALL

Zutaten:

👥 6-12 TN

⏱ 12-20 Minuten

🛠 Basis:

Modifizierung:

   *

📍 drinnen

↔ ab 60 m²

✔ Gruppenaktivität, Mannschaftsspiel, Wettkampf

▲ statisch/dynamisch

Ziel:
Sitzball ist ein klassisches Spiel aus dem Behindertensport. Zwei Mannschaften spielen sitzend auf dem Boden einen Volleyball über ein Netz. Ziel ist es, unter Einhaltung des Regelwerks, keine Fehler zu machen und den Gegner auszuspielen.

*Alternativ kann auch ein Hocker benutzt werden.

Organisation/Aufbau:
Auf einem Spielfeld (10x8m), das in der Mitte durch eine Linie und in 1m Höhe durch ein zweifarbiges Band in zwei Felder geteilt ist (in unserem Fall eine Zauberschnur), sitzen sich zwei Mannschaften von je 5 Spielern/innen gegenüber.

Anleitung:

Jeder Spielgang beginnt mit der Angabe und endet mit dem ersten darauffolgenden Fehler. Nach jedem Fehler wird der Ball von der Mannschaft, die den Fehler gemacht hat, neu angegeben. Der Ball muss bei der Angabe von 3 Spielern gespielt werden, ehe er ins Gegenfeld gelangt. Er muss zwischen den 3 Spielern wenigstens einmal auf dem Boden aufspringen.

1. Kontakt mit Bodenkontakt

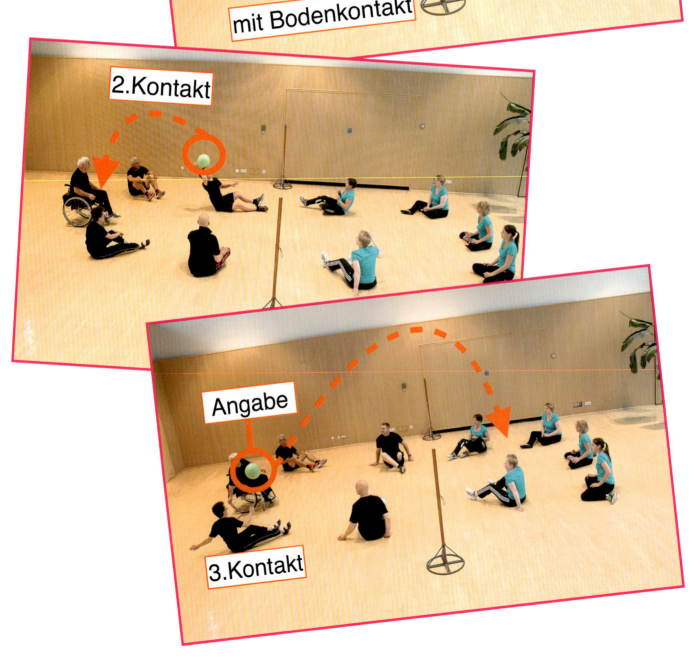

2. Kontakt

Angabe

3. Kontakt

Der vom Gegner kommende Ball kann nach Überfliegen des Bandes frei aus der Luft angenommen und zugespielt oder direkt zum Gegner oder nach dem Aufspringen im eigenen Feld zu- oder zurückgespielt werden. Der Ball muss spätestens nach der dritten Berührung über das Band ins Gegenfeld gelangen.

MODIFIZIERUNG:

Sitzball ist ein toller Sport, Voraussetzung ist, dass sich alle TN auf den Boden setzen können. Ist dies nicht möglich, dienen Stühle oder Hocker als Modifizierung. Zu Anfang bietet es sich an, den Ball durch einen Wasserspielball zu ersetzen, um das Tempo aus dem Spiel zu nehmen.

Das Regelwerk bleibt erhalten, der TN auf dem Stuhl darf sich mit dem Stuhl nicht bewegen, die Gruppe muss den TN anspielen.

Um ein Ungleichgewicht auszuschließen, sollte in jeder Mannschaft ein TN mit Stuhl oder Rollstuhl sein.

TIPP:
Am Anfang fällt es den TN recht schwer, sich nur auf dem Boden zu bewegen. Hier kommt der Spielfluss durch Einsatz des Wasserspielballs zustande.

26. PEZZIBALL & DRUMSTICK

Zutaten:

👥 10-30 TN

⏱ 12-20 Minuten

🛠 Basis:

  *

Modifizierung:

   *

📍 drinnen

↔ ab 60 m

✔ Koordination: Rhythmus

▲ statisch/dynamisch

Ziel:
Pezziball, Drumsticks und der Einsatz von Musik dienen der Rhythmusschulung und bringen viel Spaß in die Gruppe.
Es handelt sich um ein Bewegungsangebot, an dem jeder teilhaben kann. Der Einsatz von Musik stellt einen besonders hohen Auffoderungscharakter an die TN.
Im Vordergrund steht die koordinative Fähigkeit der Rhythmisierung.

*Alternativ kann auch ein Hocker benutzt werden.

Organisation/Aufbau:
Jeder TN hat einen Pezziball und jeweils 2 Drumsticks. Die Bälle werden mit einem Stuhl bzw. einem umgedrehten Stuhl fixiert. Es gibt mehrere Möglichkeiten den Aufbau zu gestalten. In der Blockformation hat der ÜL einen guten Überblick über alle TN.

Anleitung:

In der Übung werden Bewegungsmuster einstudiert und in einer rhythmischen Abfolge wiederholt. Das Bewegungsmuster kann frei gewählt werden.
Unser Beispiel: Alle TN schlagen die Sticks drei Mal über dem Kopf zusammen.

Dann schlagen die TN drei Mal mit den Sticks auf den Pezziball.

Der Ball wird weitere drei Mal von der Seite geschlagen.

Die Sticks werden drei Mal gegen die Stuhlbeine geschlagen.

Der Boden wird drei Mal mit den Sticks geschlagen.

Es geht wieder nach oben, die Sticks werden drei Mal von der Seite gegen den Pezziball geschlagen.

Der Pezziball wird drei Mal mit den Sticks getrommelt.

Die Sticks werden wieder drei Mal über Kopf geschlagen.

Wenn die Abfolge von den TN beherrscht wird, kann Musik mit in die Abfolge genommen werden. In einer Kreisaufstellung können Trommel-Variationen nach rechts und links erfolgen.

MODIFIZIERUNG:

Es können alle verschiedenen TN-Kreise involviert und in der Gruppe begeistert werden.

Rollstuhlfahrer und andere TN mit Behinderung können vollständig mitmachen.

Bei TN mit Arthrose, Arthritis, Rheuma und Gicht empfiehlt es sich, die Sticks mit einem „Puffer" zu schlagen. Besonders gut geeignet sind sogenannte „Verputzerschwämme", die in jedem Baumarkt erworben werden können.

TIPP:
Die Pezzibälle können auch auf umgedrehten Hockern positioniert werden.

27. TÜTEN-ROCK

Zutaten:

- 10-30 TN
- 10-30 Minuten
- Basis:

Modifizierung:

- drinnen
- ab 80 m²
- Koordination: Rhythmus
- statisch/dynamisch

Ziel:
Der Tüten-Rock eignet sich sehr gut für ÜL, die selber ihre Schwierigkeiten mit dem Thema Musik und Tanz haben. Gymnastik und Tanz bekommt hier unter Verwendung von Müllsäcken einen anderen Schwerpunkt. Der Einsatz der Mülltüte dient der Rhythmusschulung und bringt viel Spaß in die Gruppe. Es handelt sich um ein Bewegungsangebot, an dem jeder teilhaben kann.

Organisation/Aufbau:
Die Gruppe steht in einer Blockaufstellung oder im Schachbrett vor dem ÜL. Große TN stehen hinten, kleinere und Rollstuhlfahrer befinden sich vorne. Jeder TN hat einen großen Müllsack in beiden Händen.

Anleitung:

Die Tüten werden zu einer „Wurst" zusammengepackt und rechts und links mit den Händen gefasst. Zwischen den Händen ist gut eine halbe Armlänge Luft. Im ersten Schritt erzeugt man zusammen mit den TN durch ruckartiges Ziehen der Müllbeutel einen Takt. Dafür werden die Hände mittig immer wieder zusammengeführt und dann auseinander gezogen, so dass der Müllbeutel eine Art Klatschgeräusch macht. Gemeinsam entsteht eine einheitliche „Tüten-Geräusch-Kulisse".

Dann wird den TN ein beliebiger einfacher Tanzschritt gezeigt, beispielsweise der Sidestep. Diesen führen die TN beliebig oft durch. Der ÜL baut Pausen ein, in denen die TN auf der Stelle stehen bleiben und mit dem Kommando des ÜL die Tüten rhythmisch im Takt „rocken".

Beinwechsel

Haben die TN dies verstanden, kann eine einfache kleine Schrittabfolge eingeübt werden. WICHTIG: Vor jedem Schrittwechsel wird eine „Tütenrock" Pause von mindestens vier Schlagzeiten eingebaut. Diese Zeit kann der unsichere TN nutzen, um seine Beine neu zu sortieren und darüber nachzudenken, welches Bein bzw. Fuß als nächstes wo hingesetzt werden muss.

Im Folgenden eine einfache Schrittabfolge, die auch für „Nichttänzer" zu schaffen ist. Das Einüben sollte ohne Musik erfolgen. In der Grundstellung stehen beide Füße parallel. Gewicht auf das linke Bein, dann starten mit dem rechten Fuß mit einem rechts side-touch, links side-touch, rechts side-touch, links side-touch STOP.

4x Schlagzeiten Tüten-Rock (Grundstellung: Füße parallel)

4x Sidestep-Touch

Gewicht auf rechtes Bein und Seitschritt zu linken Seite rüber, links side-touch, rechts side-touch, links side-touch, rechts side-touch, STOP –

4x Schlagzeiten Tüten-Rock
(Grundstellung: Füße parallel)

4x Tütenrock

2x V-Step

Mit dem rechten Bein in den V-Step gehen, diesen 2x abgehen.

4x Schlagzeiten Tüten-Rock
(Grundstellung: Füße parallel)

MODIFIZIERUNG:

Der Tüten-Rock ist eine Möglichkeit alle verschiedenen TN-Kreise zu involvieren und in der Gruppe zu begeistern. Für Rollstuhlfahrer muss der Müllbeutel so groß gewählt sein, dass der TN mit der Tüte an die Reifen fassen kann, da er die Schritte durch Bewegen der Reifen ersetzt.

Bei TN mit Arthrose, Arthritis, Rheuma und Gicht empfiehlt sich das „Rocken der Tüten" mit einem „Puffer" zu dämpfen. Besonders gut geeignet sind sogenannte „Verputzerschwämme", die in jedem Baumarkt erworben werden können.

TIPP:
Es gibt in Baumärkten und Einkaufszentren verschiedene Müllbeutel. Sehr gut geeignet sind Müllbeutel mit einer dünneren Materialstärke. Dickere Säcke haben den Nachteil zu träge zu sein und haben meistens einen unangenehmen Geruch. Mit Müllsäcken in verschiedenen Farben können interessante Gruppenmuster oder Kombinationen dargestellt werden. Hierzu eignet sich der gelbe Sack sehr gut.

28. TÜTENIMPULS

Zutaten:

- 10-30 TN
- 5-10 Minuten
- Basis:

Modifizierung:

- drinnen
- ab 80 m²
- Koordination: Rhythmus, Gruppenaktivität
- statisch/dynamisch

Ziel:
Der Tütenimpuls ist die ideale Übung zum Ausklang nach dem Tüten-Rock (siehe 27), oder nach Mülltüte und Tennisball (siehe 45). Auf ein Startsignal des ÜL´s wird ein Impuls von einem TN weitergegeben. Dieser Impuls soll möglichst schnell in der Gruppe rund laufen. Es wird nicht nur die Rythmusfähigkeit, sondern auch die Reaktionsfähigkeit der Reaktion geschult.

Organisation/Aufbau:
Die Gruppe steht gemeinsam mit dem ÜL in einem Kreis, jeder TN hat eine Mülltüte. Die Tüten werden zu einer „Wurst" zusammengepackt und rechts und links mit den Händen gefasst. Zwischen den Händen ist gut eine halbe Armlänge Luft.

Anleitung:

Die TN befinden sich im Innenstirnkreis. Ein TN startet seinen Impuls durch einen kräftigen Zug mit der eigenen Tüte in Richtung seines rechten Nachbarn.

Der TN nimmt diesen Impuls auf und gibt ihn weiter an die nächste rechte Person.

Impuls springt von TN zu TN

Der Impuls wandert fortlaufend von TN zu TN. Ziel ist es, immer schneller zu werden.

Wenn die Impulsabfolge problemlos funktioniert, können verschiedene Bewegungselemente eingebaut werden. Zu jedem Impuls wird z.B. gehüpft oder sich gebückt.

MODIFIZIERUNG:

Der Tütenimpuls kann von allen TN-Kreisen und Behinderungen durchgeführt werden.

Bei TN mit Arthrose, Arthritis, Rheuma und Gicht empfiehlt es sich, den Impuls mit einem „Puffer" zu dämpfen. Besonders gut geeignet sind sogenannte „Verputzerschwämme", die in jedem Baumarkt erworben werden können.

TIPP:
Den Impuls zeitgleich in entgegengesetze Richtungen zu schicken führt zu einem erhöhten Spaßfaktor.

29. STABFALL

Zutaten:

- 👥 10-30 TN
- ⏱ 10-15 Minuten
- 📍 drinnen & draußen
- ⇔ ab 30 m²
- 🛠 Basis:

Modifizierung: *

- ✔ Kooperation, Reaktion, Umstellung
- ▲ statisch

Ziel:
Die Gruppe versucht gemeinsam auf ein Kommando des ÜL zeitgleich nach stehenden Gymnastikstäben zu greifen, ohne dass diese hinfallen.

* Gymnastikstäbe in verschiedenen Längen
  Hörbehinderung: 2 andersfarbige Gegenstände.
  Seheinschränkung: LED-Licht und Klebeband.

Organisation/Aufbau:
Die Gruppe steht im Innenstirnkreis. Jeder TN hat einen Gymnastikstab vor sich auf dem Boden stehen, den er mit dem Zeigefinger der linken Hand festhält.

Anleitung:

Der ÜL ruft das Kommando: „Tipp!" Jeder TN lässt seinen eigenen Stab los und greift mit der linken Hand nach dem Stab des zu ihm stehenden linken Nachbars.

Der Stab muss ergriffen werden, bevor dieser auf den Boden fällt.

Ruft der ÜL in der Grundstellung: „Hepp!"

… reagieren die TN zur anderen Seite und greifen nach rechts.

Sobald der Stab des Nachbarn ergriffen wurde, machen alle TN eine Schritt in die entsprechende Richtung und stehen vor dem neuen Stab und der ÜL gibt ein neues Kommando.

MODIFIZIERUNG:

Für Rollstuhlfahrer sollten kürzere und für große Menschen oder Menschen, die Einschränkungen im Rücken haben, längere Stäbe verwendet werden. Für Sehbehinderte TN können die Stäbe mit einem weißen LED-Licht mittels Klebeband kenntlicher gemacht werden. Hörgeschädigten Personen wird die Greifrichtung parallel zum Kommando mit zwei Gegenständen angezeigt, die jeweils eine andere Farbe haben.

TIPP:

Die Gruppe soll lernen miteinander zu arbeiten. Am Anfang fallen immer wieder Stäbe um, da die TN beim Loslassen des eignen Stabes diesen häufig mit in die Richtung ziehen, zu der sie greifen. Die Aufgabe, dass kein Stab innerhalb von 5 Spielzügen fallen darf, kann durchaus zu einer Gruppenherausforderung werden.

30. OBSTSALAT

Zutaten:

- 12-30 TN
- 10-15 Minuten
- Basis:

Modifizierung:

- drinnen
- ab 60 m²
- Koordination: Orientierung, Umstellung, Reaktion
- statisch/dynamisch

Ziel:
Jeder TN hat eine bestimmte Obstsorte, die auf dem Boden liegt. Ziel ist es, bei einem Platzwechsel immer wieder das gleiche Obst möglichst schnell zu finden und zu besetzen, bevor es jemand anderes tut.

Organisation/Aufbau:
Die Gruppe steht gemeinsam mit dem ÜL in einem Kreis. Jeder TN steht in einem Gymnastikreifen, die unterschiedlichen Farben der Reifen symbolisieren eine bestimmte Obstsorte. Je nach Gruppengröße gibt es eine verschieden große Anzahl von Reifen. Mindestens 3 Reifenfarben sollten zur Verfügung stehen. Ein TN hat keinen Reifen und steht in der Mitte.

Anleitung:

In unserem Beispiel gibt es drei Farben von Reifen und somit drei Obstsorten:
Rot = Kirschen, Blau = Pflaumen, Gelb = Bananen

Der TN in der Mitte ruft eine der Obstsorten in den Kreis. In unserem Fall ruft der TN laut und deutlich „Pflaume". Alle TN, die in einem „Pflaumenkreis" stehen, bewegen sich aus dem Kreis heraus und versuchen, eine andere frei gewordene Pflaume zu besetzen. Der Rufer selbst versucht ebenfalls eine Pflaume zu ergattern.

Der TN, der keinen Pflaumenreifen erhält, steht im Kreis und ruft eine neue Obstsorte aus. Er kann alternativ auch „Obstsalat" rufen, dann müssen alle TN ihren Kreis verlassen und sich eine neue Obstsorte suchen.

Bei einer Doppelbesetzung eines Reifens erhält der TN den Reifen, welcher zuerst mit beiden Beinen im Reifen stand.

MODIFIZIERUNG:
Obstsalat kann von allen verschiedenen TN-Kreisen und Behinderungen durchgeführt werden.

Bei TN mit einer Gehbehinderung oder Rollstuhlfahrern, sollte aufgrund der Sturzgefahr bzw. der Behinderungskante des Reifens für die gesamte Gruppe eine andere Bodenmarkierung gewählt werden. Wenn es TN mit einer Sehbehinderung in der Gruppe gibt, werden Pärchen gebildet, die gemeinsam den Platz wechseln müssen. Ein TN des Paares trägt dabei immer eine Augenbinde und muss geführt werden.

TIPP:
Im Spielverlauf erhöht sich häufig innerhalb kurzer Zeit das Spieltempo. Dieses kann eingegrenzt werden, indem die TN Bewegungsaufgaben erhalten, die vor Verlassen der eigenen Obstsorte erledigt werden müssen. Alternativ werden Hindernisse in dem Kreis aufgebaut. Diese müssen von den TN vor Erreichen des frei gewordenen Ringes überwunden, bewältigt oder verschoben werden.
Anstelle der Obstsorten können andere Themen gewählt werden. Tiergruppen wie Affen, Elefanten, Löwen und Giraffen eignen sich ebenso gut, wie Bundeslandgruppen Pfälzer, Sachsen, Saarländer und Hessen.

31. STÄDTEREISE

Zutaten:

- 👥 12-30 TN
- ⏱ 10-15 Minuten
- 🛠 Basis:

- Modifizierung:

- 📍 drinnen
- ↔ ab 60 m²
- ✔ Koordination: Orientierung, Umstellung
- ▲ statisch/dynamisch

Ziel:
Die TN bewegen sich im Raum von Stadt zu Stadt und merken sich den Standort der Städte. Die auf dem Boden liegenden Reifen symbolisieren die Städte und dürfen nicht berührt werden. Ein Spiel, das nicht nur die Orientierung und Umstellungsfähigkeit, sondern auch das Gedächtnis trainiert.

Organisation/Aufbau:

Im gesamten Raum liegen Gymnastikreifen kreuz und quer verteilt auf dem Boden. Alle TN suchen sich einen Reifen, in den sie sich hineinstellen. Dieser Reifen symbolisiert die erste Stadt, in unserem Fall Frankfurt am Main.

Anleitung:

Die TN verlassen ihren Reifen „Frankfurt" und der ÜL beginnt eine Geschichte zu erzählen: „Wir befinden uns auf dem Weg zum Frankfurter HBF. Wir gehen durch den Park hoch zum Stadtgarten, von dort aus geht es weiter …" Solange der ÜL erzählt, bewegen sich die TN durch den Raum. Sie dürfen in keinen Reifen treten und dürfen keinen Reifenrand berühren.

München

Erst wenn der ÜL sagt: „Jetzt sind wir mit dem Zug in München angekommen!" suchen sich alle TN einen neuen Reifen. Jetzt steht jeder TN in „seinem" München.

zurück nach Frankfurt a.M.

Die Reise geht von München wieder zurück nach Frankfurt am Main. Die TN stehen nun in den Reifen, in denen sie ganz zu Anfang standen.

Der ÜL erzählt die Geschichte weiter. Die Gruppe fliegt mit dem Flugzeug nach Hamburg.

Mit dem Auto geht es nach Berlin. Die vorhandenen Städte sollten immer wieder besucht werden. Ab 4 bis 5 Städten überlegen TN verstärkt, wo ihre jeweilige Stadt liegt.

MODIFIZIERUNG:

In Gruppen mit TN mit einer Schwerstbehinderung wird die Städtereise in einem Tandem absolviert. Bei TN mit einer Gehbehinderung oder bei Rollstuhlfahrern sollte aufgrund der Sturzgefahr bzw. der Behinderungskante des Reifens für die gesamte Gruppe eine andere Bodenmarkierung gewählt werden.

TIPP:
Der ÜL sollte selbst nicht mitmachen, sondern die Geschichte erzählen. Natürlich kann stattdessen auch Musik im Hintergrund laufen. Bei jedem Musikstop müssen sich die TN sich einen neuen Reifen/bzw. Stadt suchen.

32. CHAOS DER GEGENSTÄNDE

Zutaten:

👥 12-20 TN

⏱ 10-15 Minuten

🛠 Basis:

Modifizierung:

📍 drinnen

↔ ab 40 m²

✔ Koordination: Umstellung

▲ statisch

Ziel:
Verschiedene Gegenstände werden von den TN mit bestimmten Bewegungsaufgaben weitergegeben. Die Gegenstände dürfen sich weder in der Richtung noch in der Bewegungsaufgabe verändern. Die TN müssen sich bei jedem Gegenstand koordinativ immer wieder umstellen. Eine besondere Herausforderung besteht in der gleichzeitigen Bewältigung mehrerer Gegenstände.

Organisation/Aufbau:
Die Gruppe sitzt mit dem ÜL gemeinsam in einem Sitzkreis. Der ÜL hat eine Kiste vorbereitet, in der sich verschiedene Gegenstände befinden.

Anleitung:

Der ÜL nimmt einen gelben Tennisring aus der Kiste und gibt diesen mit der rechten Hand nach rechts weiter. Alle TN dürfen den gelben Ring nur mit der rechten Hand anfassen.

Sobald dieser Ring wieder beim ÜL angekommen ist, gibt er einen roten Ring mit der linken Hand nach links weiter.

Dann werden die zwei Ringe gegenläufig weitergegeben.

Wenn beide Ringe beim ÜL angekommen sind, gibt er einen Löffel mit der rechten Hand unter dem linken Bein nach links weiter. Der Löffel darf nur mit der rechten Hand angefasst und unter dem linken Bein weitergegeben werden.

Ein Edding wird mit der linken Hand unter dem rechten Bein nach rechts weitergegeben. Der Edding darf nur mit der linken Hand angefasst werden. Wenn ein Gegenstand gleichzeitig zum TN kommt, muss er mit beiden Armen agieren.

Ein grünes Sandsäckchen wird mit der linken Hand über den Kopf nach links weiter gegeben.

Ein blaues Sandsäckchen wird mit der rechten Hand vor dem Kopf nach rechts gereicht.

Die TN haben alle Hände voll zu tun, wenn, wie bei unserem Jörg, sämtliche Gegenstände zeitgleich bei einem TN ankommen. Es ist gar nicht so einfach, die richtige Hand für den jeweiligen Gegenstand zu finden.

MODIFIZIERUNG:

Der Schwierigkeitsgrad kann durch die verschiedenen Gegenstände bestimmt werden. Je mehr Gegenstände in die Gruppe gegeben werden, desto größer wird das Chaos. Tennisbälle, Joghurtbecher und Drumsticks lassen sich hervorragend einbauen.

TIPP:
Die Gegenstände sollten nicht zu klein, aber auch nicht zu groß sein. Ein Korken kann schon zu einer großen Herausforderung werden. Ein Fußball oder ähnliches ist zu unhandlich, um diesen vernünftig weiterzugeben.

33. STABSCHIEBEN

Zutaten:

👥 12-20 TN

⏱ 10-15 Minuten

🛠 Basis:

Modifizierung:

📍 drinnen

⬚ ab 100 m²

✔ Koordination: Differenzierung, Orientierung, Kooperation

▲ dynamisch

Ziel:
Die TN schieben in Paaren einen Gymnastikstab über eine vorgegebene Wegstrecke durch den Raum. Die Übung verlangt Kooperation zwischen beiden Partnern, Orientierung und Geschicklichkeit sowie Feingefühl, um die Kraft richtig zu dosieren.

Organisation/Aufbau:
Die Gruppe wird paarweise aufgeteilt und stellt sich hintereinander auf. Jedes Paar erhält 2 Gymnastikstäbe. Der ÜL platziert eine Pylone oder ein Hütchen in einem Abstand von 10-15 Metern von der Gruppe. Das erste Paar erhält einen dritten Stab, der auf den Boden gelegt wird.

Anleitung:
Das Paar startet gemeinsam und versucht, den Stab um die Pylone zu schieben.

Ziel ist es, möglichst schnell Geschwindigkeit aufzunehmen.

Um die Pylone wird es meist schwer, das Tempo zu drosseln und taktisch geschickt um diese herum zu steuern.

Sobald sich das Paar der Gruppe wieder nähert, übernehmen die nächsten 2 TN den rollenden Stab.

Das neue Paar macht sich auf den Weg um die Pylone. Alle Paare laufen so einmal um die Pylone.

MODIFIZIERUNG:

Dieses Spiel ist für alle TN-Kreise geeignet. Auch TN mit einer Sehbehinderung können mitmachen, da sie über den rollenden Stab mit dem Partner verbunden sind. Durch Augenklappen können auch andere TN sich der Herausforderung stellen, die Aufgabe blind gemeinsam mit einem sehenden TN zu meistern.
Wenn die TN im Stabrollen sicher sind, können 2 Mannschaften gebildet werden, die gegeneinander antreten.

Nach dem Startkommando laufen die zwei ersten Paare der jeweiligen Mannschaft los. Es gewinnt die Mannschaft, die als erste mit allen TN die Pylone umrundet hat.

Bei Prothesenträgern und Rollstuhlfahrern sollen die TN austesten, an welcher Seite sie den Stab besser schieben können.

> **TIPP:**
> Eine tolle Herausforderung stellt ein „Pylonen-Slalom-Parcours" dar, den die TN durchlaufen müssen. Auch andere Hindernisse können eingebaut werden. Werden die TN zusätzlich an den Armen mit einem Theraband verbunden, müssen sie noch stärker zusammenarbeiten, um sich nicht gegenseitig zu behindern.

34. RING-HOCKEY

Zutaten:

👥 12-30 TN

⏱ 10-15 Minuten

🛠 Basis:

Modifizierung:

📍 drinnen

⬌ ab 80 m²

✔ Koordination: Differenzierung, Reaktion

▲ dynamisch

Ziel:
Ein Tennisring wird mittels eines Gymnastikstabes über den Boden zu einem Partner geschleudert. Der dafür benötigte Krafteinsatz muss genau dosiert werden. Um den Ring auf dem Boden zu stoppen, bedarf es einer schnellen Reaktion und Zielgenauigkeit.

Organisation/Aufbau:
Die TN stehen sich in einer Gasse paarweise mit einem Abstand von 5-10 Metern gegenüber.
Jeder TN hat einen Gymnastikstab oder einen Besenstiel. Ein jedes Pärchen erhält einen Tennisring.

Anleitung:

Die Paare spielen sich gegenseitig den Ring zu. Hierzu wird der Gymnastikstab in das Loch des auf dem Boden liegenden Ringes geführt und mit Schwung nach vorne geschleudert.

Der Partner versucht, den Ring durch zielgenaues Einstecken des eigenen Gymnastikstabes in der Bewegung zu stoppen. Dies verlangt zu Anfang etwas Übung.

Dann wird der Ring wieder zurück zum Partner geschleudert, der ihn stoppt.

MODIFIZIERUNG:

Dieses Spiel ist für alle TN-Kreise mit Ausnahme von Sehbehinderung geeignet.
Wenn die TN im Ring schleudern sicher sind, wird der Abstand erhöht. Anschließend können 2 Mannschaften gebildet werden, die gegeneinander antreten. Der spielerische Aufforderungscharakter ist allerdings auch ohne Wettkampf gegeben.

Vorsicht! Der ungeübte TN beherrscht den Ring zu Anfang noch nicht. Wird zu viel Schwung eingesetzt oder der Ring wird zu steil mit dem Stab geschleudert, verlässt der Ring den Boden und fliegt durch die Luft. Umso wichtiger ist eine geordnete Gassenaufstellung der Gruppe um Verletzungen zu vermeiden.

TIPP:
Zielschießen auf kleine Tore, Plastikflaschen, Kegel oder ähnliches bereitet vielen TN besonders viel Spaß.

35. RING-UFO

Zutaten:

👥 12-30 TN

⏱ 10-15 Minuten

🛠 Basis:

Modifizierung:

📍 drinnen

⇳ ab 80 m²

✔ Koordination: Differenzierung, Reaktion, Partnerkooperation

▲ dynamisch

Ziel:
Ein Tennisring wird geworfen und muss mittels eines Gymnastikstabes aus der Luft gefangen bzw. aufgespießt werden. Sowohl das Fangen als auch das Werfen erfordert von den Teilnehmern besonders viel Geschick. Eine Übung, bei der sich die TN im Paar aufeinander einspielen müssen.

Organisation/Aufbau:
Die TN stehen sich paarweise in einer Gasse mit einem Abstand von 5-10 Meter gegenüber.
Jeder TN hat einen Gymnastikstab oder einen Besenstiel. Ein jedes Pärchen erhält einen Tennisring.

Anleitung:
Die Paare werfen sich gegenseitig den Ring zu.

Der Partner versucht, den Ring mit dem eigenen Gymnastikstab aus der Luft aufzuspießen.

Dann wird der Ring wieder zur anderen Seite geworfen, wo der Partner wiederum versucht ihn aufzuspießen.

MODIFIZIERUNG:

Dieses Spiel ist für alle TN-Kreise mit Ausnahme von Sehbehinderung geeignet.
Wenn die TN im Werfen und Aufspießen sicher sind, wird der Abstand erhöht. Anschließend können 2 Mannschaften gebildet werden, die gegeneinander antreten. Der spielerische Aufforderungscharakter ist allerdings auch ohne Wettkampf gegeben.

TIPP:
Je länger ein Stab ist, desto schwieriger ist es, den Ring aufzuspießen. Bei TN, die sich schwer tun, sollte ein kurzer Stab verwendet werden.

36. CD-HÜLLEN PING PONG

Zutaten:

- 12-30 TN
- 10-20 Minuten
- Basis:

Modifizierung:

- drinnen
- ab 100 m²
- Koordination: Differenzierung, Reaktion
- dynamisch

Ziel:
Die TN spielen sich mit einer CD-Hülle gegenseitig einen Tischtennisball zu. Die Herausforderung besteht in dem Schlagen und Treffen des Balles mit der Hülle. Es verlangt Übung und Konzentration, um den Ball dem Partner passgenau zurück zu spielen. Es werden die koordinativen Fähigkeiten Differenzierung und Reaktion trainiert.
Je nach Spielvariante kann es als Wettkampf- oder Kooperationsspiel für die Gruppe gestaltet werden.

Organisation/Aufbau:
Die TN stehen sich paarweise in einer Gasse mit einem Abstand von 5-10 Meter gegenüber. Jeder TN erhält eine CD-Hülle. Jedes Paar bekommt einen Tischtennisball.

Anleitung:

Die meisten TN bevorzugen es, den Tischtennisball mit der CD-Hülle mit der Rückhand zu schlagen.

Auch die Vorhand kann genutzt werden.

Rollstuhlfahrer nutzen meistens die Rückhand um den Tischtennisball zu schlagen. Dies ermöglicht ihnen mit dem Arm und der CD-Hülle außen an dem Rollstuhl entlang auszuholen.

MODIFIZIERUNG:

Dieses Spiel ist für alle TN mit Ausnahme von Sehbehinderung geeignet.
Wenn die TN im Schlagen des Tischtennisballes sicher sind, können die Abstände vergrößert werden.

Anschließend treten 2 Mannschaften gegeneinander an. Der spielerische Aufforderungscharakter ist auch ohne Wettkampf gegeben und das CD-Hüllen Ping Pong kann zu einem Kooperationsspiel werden.
Werden 2 Bälle in das Spiel genommen, steigt der Anspruch für die TN deutlich.

TIPP:
Werden die CD-Hüllen mit Tesafilm am Rand zugeklebt, verlängert sich die Lebensdauer der Hüllen um ein Vielfaches.

37. REIFENZWIRBELN

Zutaten:

- 👥 12-25 TN
- ⏱ 10-15 Minuten
- 🛠 Basis:

  Modifizierung:

- 📍 drinnen
- ↔ ab 120 m²
- ✔ Audauer
- ▲ dynamisch

Ziel:
Ein Gymnastikreifen wird auf der Stelle „gezwirbelt" bzw. gedreht. Auf ein Kommando des ÜL muss eine bestimmte Anzahl von Reifen umlaufen werden. Die TN lernen ihre Ausdauer einzuteilen und können durch den ÜL gezielt gesteuert werden.

Organisation/Aufbau:
Jeder TN erhält einen Gymnastikreifen und stellt diesen vor sich auf den Boden. Die Gruppe steht in einem großen Innenstirnkreis. Jeder TN benötigt ausreichend Platz, daher sollte der Kreis großzügig gewählt sein.

Anleitung:
Der ÜL ruft eine Zahl und „rechts" oder „links", worauf die TN ihren Reifen vor sich auf der Stelle zwirbeln.

Sobald die Reifen sich drehen, laufen die TN in die angesagte Richtung. Sie laufen außen um die Reifen herum und zählen die Anzahl der Reifen, an denen sie vorbeilaufen, bis zu der Zahl, die der ÜL genannt hat.

Der sich noch drehende Reifen wird vom TN angehalten, indem er versucht, in den sich drehenden Reifen zu greifen.

Dann wird der Reifen wieder auf den Boden gestellt und das nächste Kommando des ÜL abgewartet.

Je größer die Zahlen werden, desto länger wird die Strecke, die zurückgelegt werden muss. Ziel ist es, den Reifen immer zu erreichen, bevor dieser auf den Boden fällt.

kurz vor dem Fallen

Jeder TN entwickelt eine eigene Technik, wie der Reifen am besten wieder aufgenommen wird.

MODIFIZIERUNG:

Bei TN mit Sehbehinderung oder Schwerstbehinderung können die Reifen im Pärchen gezwirbelt und abgelaufen werden. TN im Rollstuhl sollten einen möglichst großen Reifen bekommen, damit sie gerade nach vorne greifen können. Sie benötigen einen kleinen Trick, um nicht beim Loszwirbeln mit dem Rollstuhl in den eigenen sich drehenden Reifen zu fahren. Sie drehen sich genau einmal um die eigene Achse und damit vom Reifen direkt weg.

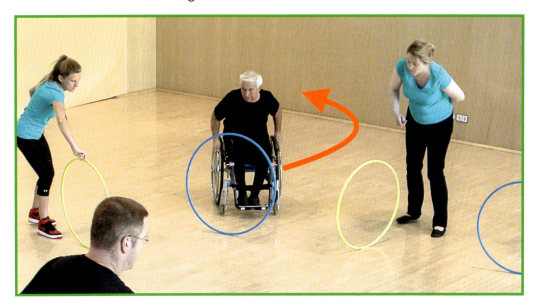

Nach der Drehung fährt der TN mit dem Rollstuhl in die vorgegebene Richtung.

TIPP:
Von Runde zu Runde tendiert die Gruppe dazu, den Kreis zu verkleinern. Dies führt zu Zusammenstößen einzelner Reifen. Daher sollten sich die TN nach jeder dritten Runde mit drei großen Schritten wieder nach außen bewegen.

38. OMA, JÄGER, WOLF

Zutaten:

- 12-30 TN
- 10-15 Minuten
- Basis:

Modifizierung:

- drinnen & draußen
- ab 120 m²
- Ausdauer, Koordination: Umstellung, Reaktion
- dynamisch

Ziel:
Drei Gruppen mit unterschiedlichen Bezeichnungen müssen nach einem bestimmten Regelwerk versuchen, sich gegenseitig zu fangen. Durch verschiedene Ansagen des ÜL kommt es zu blitzartigen Veränderungen, womit der Jäger zum Gejagten wird. Eine Spielform, die nicht nur die Reaktions- und Umstellungsfähigkeit schult, sondern die TN auch in ständiger Bewegung hält.

Organisation/Aufbau:
Es werden drei gleich große Gruppen gebildet. Eine Gruppe sind die Omas, diese bekommen je ein Zaubertuch. Die zweite Gruppe sind die Jäger, diese bekommen einen Gymnastikstab und die dritte Gruppe sind die Wölfe, diese bekommen ein Sandsäckchen. Alle TN bewegen sich kreuz und quer durch den Raum.

Anleitung:

Der ÜL ruft laut eine der drei Gruppen.
Die gerufene Gruppe nimmt die Verfolgung zu den passenden TN auf, die gejagt werden dürfen.
Es gelten folgende Regeln:
1. Die Wölfe jagen die Omas. 2. Die Omas jagen die Jäger. 3. Die Jäger jagen die Wölfe.

Ruft der ÜL „Jäger", versuchen die Wölfe zu fliehen, da die Jäger versuchen, sie zu ergreifen. Die Omas haben in der Zeit Pause.

Sobald der ÜL „Omas" ruft, werden die Jäger zu den Gejagten, sie müssen von den Wölfen ablassen und selbst fliehen. Die Wölfe haben Pause und können sich erholen.

Ruft der ÜL „Wölfe", werden die Omas zu den Gejagten, sie müssen von den Jägern ablassen und selbst fliehen. Jetzt haben die Jäger eine Pause.

MODIFIZIERUNG:

Im Spielverlauf kommt es im Eifer des Gefechts immer wieder zu Situationen, in der sich die gesamte Gruppe in einem Haufen ansammelt und es zu Rangeleien kommen kann. Gerade für TN mit einer Gehbehinderung wird es schwer, sich aus diesen Situationen zu befreien.

Der ÜL verwendet für diese Situationen ein Schlüsselwort wie „Mittagsschlaf", bei dem alle TN in sofortige Ruhe verfallen, das Jagen einstellen und ruhig durch den Raum gehen.

TIPP:
Wenn bei Spielstart ausschließlich nur Gehen erlaubt ist, verstehen die TN schneller die Regeln, da sie mehr Zeit haben, sich innerhalb der Kommandos umzustellen.

39. WÜRFELLAUF

Zutaten:

- 12-30 TN
- 15-25 Minuten
- Basis:

Modifizierung:

- drinnen & draußen
- ab 120 m²
- Ausdauer, Mannschaftsspiel, Wettkampf
- dynamisch

Ziel:
Zwei Mannschaften versuchen durch Würfeln auf einer vorgegebenen Wegstrecke möglichst schnell Sandsäckchen einzusammeln, die sich unter Pylonen befinden. Die Mannschaft, welche als erste alle Sandsäckchen in den eigenen Gymnastikreifen gebracht hat, erhält einen Punkt. Insgesamt wird bis 3 Punkte gespielt.

Organisation/Aufbau:
Zwei Mannschaften befinden sich nebeneinander. Alle TN der jeweiligen Gruppe stehen in einer Schlange hintereinander. Jede Gruppe erhält einen Würfel und einen Gymnastikreifen, der auf dem Boden liegt. Jedes Team hat vor sich in einer Reihe 6 Pylonen stehen.

Anleitung:

Auf ein Startkommando des ÜL wirft der jeweils 1. TN in der Schlange den Würfel in die Luft. Die Gruppe von Jürgen würfelt eine 6.

Die gesamte Gruppe läuft einmal um die 6. Pylone herum und wieder zurück.

Der letzte TN am Schlangenende hebt die Pylone hoch und nimmt das Sandsäckchen mit.

Das Sandsäckchen wird vorne in den Reifen geworfen. Sobald das Säckchen auf dem Boden liegt, darf wieder gewürfelt werden.

So müssen alle Pylonen nacheinander leer geräumt werden. Wenn eine Zahl zum zweiten Mal gewürfelt wird, muss die Gruppe erneut laufen.

MODIFIZIERUNG:

Es bedarf keiner Modifizierung, da alle TN beim Würfellauf mitmachen können. TN mit einer Schwerstbehinderung oder Sehbehinderung können im Tandem mitlaufen und selbstständig würfeln.

TIPP:
Die abgeräumten Sandsäckchen wieder „zurückzuwürfeln" stellt eine schöne Spielergänzung dar.

40. CROSS-BOCCIA

Zutaten:

- 12-30 TN
- 15-25 Minuten
- Basis:

Modifizierung:

- drinnen & draußen
- ab 120 m²
- Gruppenaktivität, Mannschaftsspiel, Wettkampf
- statisch

Ziel:
Zwei Mannschaften versuchen im Wettkampf mit Hallenbocciabällen möglichst nah an einen sogenannten JACK-Ball heran zu werfen.
Mit jedem eigenen Ball, der näher am JACK zu liegen kommt als ein gegnerischer, gibt es einen Punkt. Ziel ist es, möglichst viele Punkte zu sammeln.

Organisation/Aufbau:
Die TN werden in zwei gleich große Mannschaften aufgeteilt. Eine Gruppe erhält 6 rote Hallenbocciabälle, die andere 6 Blaue. Ein Gymnastikreifen stellt die Abwurfzone dar. In einer Entfernung von 8-12 Metern positioniert der ÜL einen weißen Jack Ball. Bei einem hellen Fußboden sollte ein Kontrast hergestellt werden. In unserem Fall wird der Jack Ball auf ein grünes Sandsäckchen gelegt.

Anleitung:

Die rote Mannschaft beginnt. Der erste TN steigt in den Gymnastikreifen und wirft den Bocciaball möglichst nah an den Jack Ball.

Dann ist die blaue Mannschaft an der Reihe.

Blau liegt näher als Rot

Die Mannschaft, deren Ball weiter entfernt vom Jack Ball liegt, ist am Zug.

In unserem Fall ist Rot am Zug.

Rot spielt solange bis sie näher als Blau an dem Jack liegen.

Hat eine Mannschaft alle Bälle geworfen, darf der Gegner seine übrig gebliebenen Bälle nachwerfen.

1. MODIFIZIERUNG:

Für TN mit einer Parese, Spastik, Amputationen oder anderen Schädigungen in den oberen Extremitäten, können Rampen und Rutschen als Hilfsmittel eingesetzt werden. In dem hier dargestellten Beispiel ist eine Abflussrohr-Rutsche dargestellt.

Das Rohr kann in Winkel, Höhe und somit in der „Abrutschgeschwindigkeit" des Bocciaballes verändert werden.

2. MODIFIZIERUNG:

Es gibt die unterschiedlichsten Formen von Cross-Boccia. Bei einer sehr beliebten Wettkampfart muss der Ball erst gegen eine Wand geworfen werden, bevor er auf den Boden Richtung Jack Ball gelangt.

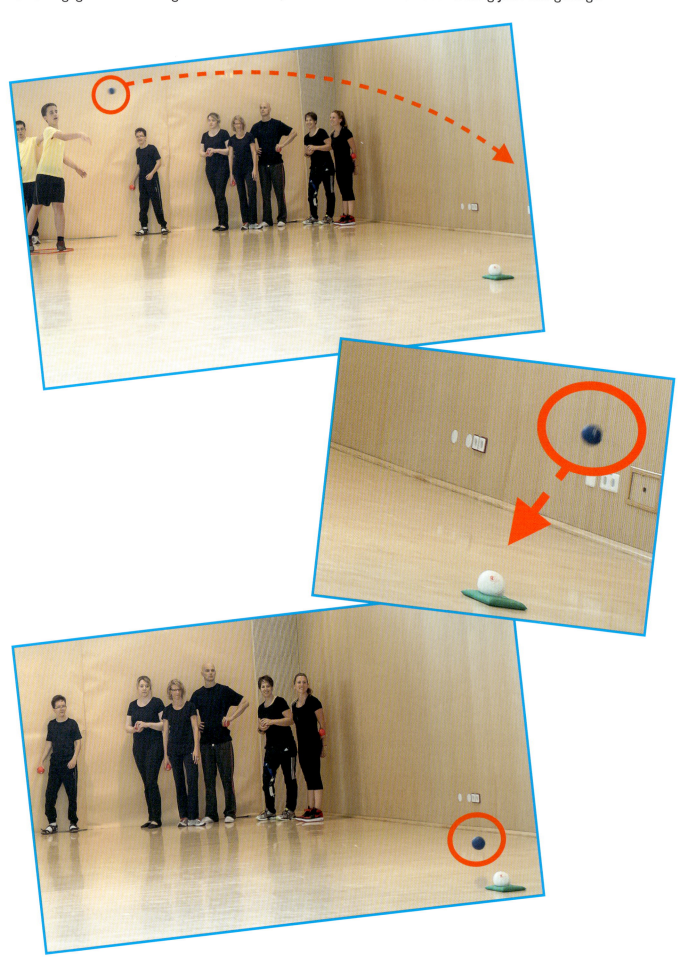

Die Stärke des Wurfes muss genauso berücksichtigt werden, wie der Winkel, mit dem der Ball auf die Wand trifft.

TIPP:
Im Cross Boccia sollte der Kreativität keine Grenzen gesetzt werden. Das eigene Regelwerk kann immer wieder verändert und angepasst werden. Für sehbehinderte Personen kann anstelle eines Jack Balles ein Handy verwendet werden, das eine Melodie oder ein Lied spielt, Dieses kann mit dem Gehör im Raum lokalisiert und angeworfen werden. (siehe auch Sandsäckchen-Boccia)

41. SANDSÄCKCHEN-BOCCIA

Zutaten:

- 12-30 TN
- 15-25 Minuten
- Basis:

Modifizierung:

- drinnen & draußen
- ab 120 m²
- Gruppenaktivität, Mannschaftsspiel, Wettkampf
- statisch

Ziel:
Zwei Mannschaften versuchen im Wettkampf mit Sandsäckchen möglichst nah an ein Königs-Säckchen zu werfen. Mit jedem eigenen Säckchen, das näher an das Königs-Säckchen zu liegen kommt als ein gegnerisches, gibt es einen Punkt. Ziel ist es, möglichst viele Punkte zu sammeln.

Organisation/Aufbau:
Die TN werden in zwei gleich große Mannschaften aufgeteilt. Eine Gruppe erhält 6 grüne Sandsäckchen, die andere 6 blaue. Ein Gymnastikreifen stellt die Abwurfzone dar. In einer Entfernung von 8-12 Metern positioniert der ÜL ein rotes Königs-Säckchen.

Anleitung:

Die grüne Mannschaft beginnt. Der erste Spieler steigt in den Gymnastikreifen und wirft sein Säckchen möglichst nah an das Königs-Säckchen.

Dann ist die blaue Mannschaft an der Reihe.

Die Mannschaft, deren Säckchen weiter entfernt vom „König" liegt, ist am Zug. Sie wirft so lange, bis sie näher herankommt. Hat eine Mannschaft alle Säckchen geworfen, darf der Gegner seine übrig gebliebenen Säckchen nachwerfen.

MODIFIZIERUNG:

Für TN mit einer Parese, Spastik, Amputationen oder anderen Schädigungen in den oberen Extremitäten, sollte die Wettkampfart Cross-Boccia und die Verwendung der Hilfsgeräte verwendet werden (siehe Nummer 40).

Für TN mit einer Sehbehinderung wird das Königs-Säckchen durch ein Mobiltelefon ersetzt. Im Telefon wird, unter Abstimmung mit der Gruppe, ein Musiktitel ausgewählt und abgespielt. Der sehbehinderte TN versucht, das Gerät akustisch zu lokalisieren und das eigene Säckchen möglichst genau dort hin zu werfen. In der gegnerischen Mannschaft bekommt mindestens ein TN eine Augenbinde und wirft ebenfalls blind.

TIPP:
Das Telefon kann durch andere Geräte ersetzt werden. Die Musikquelle sollte nicht zu laut sein, da dann die Lokalisierung mittels Gehör erschwert wird.

42. JOGHURTBECHER-BOSSELN

Zutaten:

- 2-20 TN
- 10-45 Minuten
- Basis:
- drinnen
- 40 m²
- Gruppenaktivität, Mannschaftsspiel, Wettkampf
- statisch

Ziel:
Die Grundlage dieses Spieles ist das Wettkampfspiel Bosseln. Anstelle der Bossel nutzen wir einen Joghurtbecher und eine Bocciakugel. Ziel des Spieles ist es, von einer festen Position aus einen Joghurtbecher über eine Bocciakugel zu setzen und über den Boden möglichst nah an einen Zielpunkt, der sogenannten Daube, zu rollen. Hierbei wird von den TN die Differenzierungsfähigkeit abverlangt und trainiert. Es kommt nicht auf Kraft oder Ausdauer an, sondern um Zielgenauigkeit und Feingefühl.

Organisation/Aufbau:
Die Gruppe wird in zwei Mannschaften aufgeteilt. Bei größeren Gruppen können auch drei oder vier Mannschaften gebildet werden. Jeder TN bekommt einen Joghurtbecher und eine Bocciakugel.

Anleitung:

Die Becher der jeweiligen Mannschaft sollten verschiedenfarbig sein. In unserem Fall hat die gelbe Mannschaft blaue Becher und die schwarze Mannschaft farblose, durchsichtige Becher.

Ein Springseil oder ein Gymnastikreifen markiert die „Abrollzone", aus der die TN auf die Daube zielen. In einem Abstand von 10-20 Metern wird eine Daube platziert. Das Los entscheidet, welche Mannschaft starten darf. Der erste Spieler begibt sich zur Abrollzone. Er versucht möglichst nah an die Daube zu rollen oder diese zu treffen.

Dann ist die andere Mannschaft mit einem Spieler am Zug.

Die Mannschaften versuchen abwechselnd die Daube (weißer Joghurtbecher) anzuspielen, bis alle Spieler den eigenen Becher gerollt haben.

Der Becher der Mannschaft, der am nächsten an der Daube steht und nicht umgefallen ist, bekommt einen Punkt. Stehen zwei gegnerische Becher so nah zusammen, dass mit

dem bloßen Auge nicht erkannt werden kann, welcher näher an der Daube steht, wird mit einer Schnur oder einem Maßband nachgemessen. Dann geht es in die nächste Runde.

MODIFIZIERUNG:

In Folgenden zeigen wir Möglichkeiten, wie Menschen mit einer Gehbehinderung oder Rollstuhlfahrer usw. aktiv mitspielen können. Die Problematik besteht darin, dass diese Personen den Becher, der auf dem Boden steht, nicht erreichen können.

Mit dem langen Stiel des Besens kann der TN den Becher zielgerichtet auf den Weg bringen.

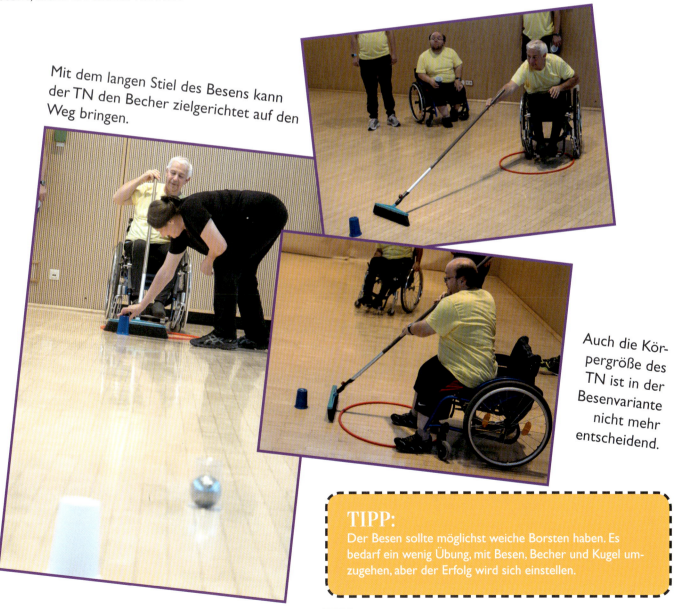

Auch die Körpergröße des TN ist in der Besenvariante nicht mehr entscheidend.

TIPP:
Der Besen sollte möglichst weiche Borsten haben. Es bedarf ein wenig Übung, mit Besen, Becher und Kugel umzugehen, aber der Erfolg wird sich einstellen.

43. MÜLLTÜTEN-LUFTBALLON VOLLEYBALL

Zutaten:

- 12-30 TN
- 10-15 Minuten
- Basis:

Modifizierung:

- drinnen
- ab 80 m²
- Gruppenaktivität, Mannschaftsspiel
- dynamisch

Ziel:
Ein mit Luftballons gefüllter Müllsack muss von den TN gemeinsam in der Luft gehalten werden. Der Müllsack darf den Boden nicht berühren. Das Spiel fördert die Gruppenkommunikation.

Organisation/Aufbau:
Alle TN stehen im Innenstirnkreis. Ein großer Müllsack wird mit großen Luftballons gefüllt und zugeknotet oder mit einem Gummi zugeschnürt.

Anleitung:
Der ÜL wirft den Müllsack hoch in die Luft.

Während der Sack durch die Luft gleitet, ruft der ÜL laut einen Namen. In unserem Beispiel: „Angela!" Die gerufene TN versucht den Sack mit einer oder beiden Händen wieder in die Luft zu schlagen.

Nachdem sie den Sack gespielt hat, kann Angela einen oder auch mehrere TN benennen.

Die genannten TN versuchen gemeinsam den Sack in die Luft zu schlagen.

MODIFIZIERUNG:

Da der Luftballon-Müllsack eine verlangsamte Flugphase hat, haben alle TN genügend Zeit, um sich einzubringen. Je mehr TN, desto größer der Spaßfaktor.

TN mit einer Sehbehinderung orientieren sich an einem anderen TN mittels Festhalten an einer Schulter. Wenn ein „knisternder" Müllsack als Hülle dient, kann dieser auch über das Gehör geortet werden.

TIPP:
Aus dieser einfachen Übungsform kann später ein Mannschaftsspiel und Wettkampf entstehen. Hierbei wird der Ball über eine Schnur oder ein Netz gespielt. Das Volleyballregelwerk dient als Grundlage.

44. BLASROHRSCHIESSEN

Zutaten:

- 1-30 TN
- 5-60 Minuten
- Basis: kein Materialbedarf
  Modifizierung:

- drinnen & draußen
- ab 30 m²
- Gruppen-/Einzelaktivität, Wettkampf
- statisch

Ziel:

Blasrohrschiessen ist eine Trendsportart, die seit 2010 an Beliebtheit immer weiter zunimmt. In zwei verschiedenen Kalibern wird auf unterschiedlichen Distanzen mit Pfeilen auf eine Zielscheibe geschossen. Die Sportart verlangt Konzentration und Zielgenauigkeit von den TN. Jeder TN versucht mit 5 Pfeilen eine möglichst hohe Punktzahl auf der Zielscheibe zu erlangen.

Organisation/Aufbau:

Für den Anfänger sollte das kleinere Kaliber 625 gewählt werden. Das größere Kaliber 40 ist eher für Fortgeschrittene geeignet. Blassrohre können über verschiedene Sportartikelanbieter ab ca. 10 Euro erworben werden. Zielscheiben werden in einem Abstand von 3, 5 oder 7 Metern von einer Abschusszone aufgestellt. Die TN bekommen ein Blasrohr und 5 Pfeile.

Kaliber 40

Kaliber 625

Anleitung:

Der TN führt einen Pfeil in das obere Ende des Rohres. Der Pfeil kann nicht durchfallen, da es eine Sperre gibt, durch die der Pfeil gedrückt werden muss.

Das Rohr wird in die Waagerechte genommen. In dieser Position drückt der TN den Pfeil durch die Sperre, ganz in das Rohr hinein und setzt das Rohr an den Mund an. Die linke oder rechte Hand geht an das Griffstück des Rohres.

Der Mund wird fest an das Mundstück gepresst. Er sollte komplett anliegen. Durch die Nase wird eingeatmet.

Das Ziel wird fixiert.

Mit einem kräftigen Blasen wird der Pfeil auf die Zielscheibe geschossen.

MODIFIZIERUNG:

TN mit einer Gehbehinderung können, von einem Stuhl oder Hocker aus, schießen. Rollstuhlfahrer schießen aus dem Rollstuhl.

Jeder TN entwickelt meist seine eigene individuelle Haltetechnik.

Für TN, die das Rohr nicht selbstständig halten können, wird das Rohr an einem Stativ mit einer Rohrschelle befestigt. Das Rohr bleibt dennoch beweglich und wird nicht mit weiteren Mitteln fixiert.

Der TN richtet das Rohr mit dem Stativ aus.

TIPP:

Das Blasrohr ist eine Waffe. Es ist frei käuflich, dennoch steht an erster Stelle die Sicherheit! In einer Gruppe von mehreren Schützen sollte es eine Aufsicht geben, die das jeweilige Schießen frei gibt und beaufsichtigt. Eine ungefährlichere Variation für den Outdoorbereich bietet das Blasrohr mit Paintballkugeln.

45. MÜLLTÜTENKATAPULT & RUTSCHE

Zutaten:

- 10-30 TN
- 10-20 Minuten
- Basis:

Modifizierung:

- drinnen & draußen
- ab 30 m²

✔ Gruppenaktivität, Kooperation
Koordination: Reaktion, Differenzierung, Orientierung

▲ dynamisch

Ziel:
Zwei TN katapultieren einen Tennisball mithilfe von einer Mülltüte in die Luft und fangen ihn wieder auf. Von den TN wird ein hoher Grad an Gruppenkooperation verlangt. Geschult werden die koordinativen Fähigkeiten Reaktion, Differenzierung und Orientierung.

Organisation/Aufbau:
Jeweils 2 TN erhalten eine Mülltüte und einen Tennisball. Die TN stehen sich gegenüber und halten die Tüte an den Ecken. Der Tennisball wird in die gespannte Mülltüte gelegt.

Anleitung:

Der Tennisball wird durch einen kräftigen Ruck an der Tüte nach oben geschleudert.

Ziel ist es, den Ball wieder aufzufangen. Er darf nicht auf den Boden fallen.

Beherrschen die TN das Hochschleudern und Auffangen, versuchen 2 Paare sich einen Tennisball gegenseitig zuzuspielen.

Der Ball wird in einer Gasse zwischen immer mehr Paaren hin und her gespielt. Die Distanzen werden immer größer, damit steigt die Herausforderung an die TN.

MODIFIZIERUNG:

TN, denen es Probleme bereitet, den Tennisball mit der Mülltüte zu katapultieren, versuchen den Ball im Prinzip einer Rutschbahn, von einem Sack zum Nächsten zu rollen. Der Ball darf den Boden nicht berühren.

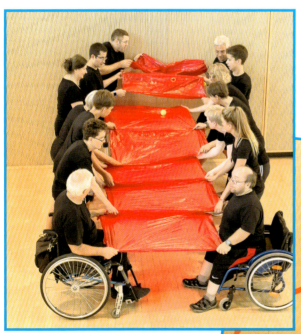

Die TN rotieren stets vom hinteren zum vorderen Ende der Gruppe, damit der Ball immer weiter rollen kann.

TIPP:
Anstelle von Müllsäcken können auch große Handtücher verwendet werden. Andere Bälle vereinfachen oder erschweren den Ablauf.

46. KNOTEN DA REIN!

Zutaten:

- 6-30 TN
- 10-20 Minuten
- Basis:
- Modifizierung:
- drinnen
- ab 40 m²
- ✓ Gruppenaktivität, Kooperation
- ▲ statisch/dynamisch

Ziel:
Die Gruppe versucht gemeinschaftlich einen Knoten in ein langes Seil zu binden. Erscheint die Aufgabe auf den ersten Blick sehr einfach, benötigen die TN zur Lösung der Aufgabe ein gutes Kooperationsverhalten untereinander, Geduld und räumliches Vorstellungsvermögen.

Organisation/Aufbau:
Alle TN bilden einen Halbkreis und halten mit beiden Händen ein langes Seil in der Hand. Das Seil darf nicht losgelassen werden, aber die TN dürfen sich hin und her bewegen und somit die Abstände zueinander vergrößern und verkleinern. Bei mehr als 10 TN wird die Gruppe geteilt. Die Anzahl der TN muss nicht gerade sein. Der ÜL gibt an, wo der Knoten im Seil später sein soll.

Anleitung:
Die TN versuchen gemeinsam durch Übersteigen, Drehen, Bücken und Experimentieren einen Knoten in das Seil zu binden.

Die TN werden immer wieder kurz vor der Lösung stehen.

Allerdings können sie den Knoten nicht zuziehen, da sich meist die Hände von 1 oder 2 TN in dem Knoten befinden.

Hände im Knoten

Wird der Knoten zugezogen, bleiben die Hände darin gefangen. An dieser Stelle löst der ÜL den Knoten wieder aus dem Seil und die TN versuchen es erneut.

MODIFIZIERUNG:

Eine Modifizierung benötigt diese Gruppenübung nicht. Alle TN mit einer Behinderung können hier mitmachen. Wenn das Seil nicht mit beiden Händen gehalten werden kann, wird es nur mit einer Hand gehalten oder der TN bekommt das Seil um den Bauch gebunden. Alternativ kann der TN zum Joker werden und versucht die Gruppe von außen anzuleiten.

Lösung:

Um die Aufgabe zu lösen, müssen die TN als Erstes eine große Schlaufe auf den Boden legen.

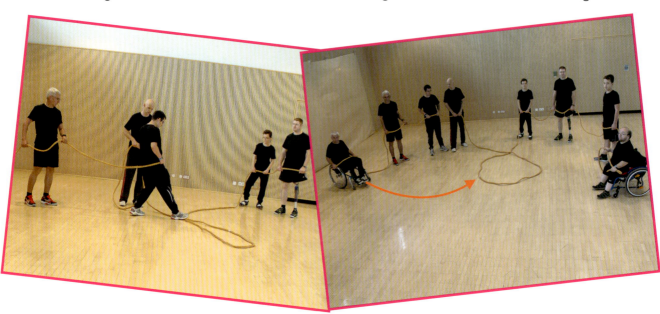

Ein Ende des Seiles muss durch diese Schlaufe eingefädelt werden.

Ein TN nach dem anderen schlüpft durch die Schlaufe.

Der Knoten ist fertig.

Und wird zugezogen.

TIPP:
Sollte die Gruppe nach 5-10 Minuten der Lösung nicht näherkommen, kann der ÜL kleine Hilfen geben. Die finale Lösung sollte im Idealfall immer von der Gruppe alleine gefunden werden.

47. RINGS HERUM

Zutaten:

- 👥 8-20 TN
- ⏱ 10-15 Minuten
- 🛠 Basis:

  Modifizierung:

- 📍 drinnen
- ⇔ ab 40 m^2
- ✔ Gruppenaktivität, Entspannung
- ▲ statisch

Ziel:

Ein Ring wird im Sitzkreis über eine Schnur verdeckt von TN zu TN gegeben. Ein einzelner TN, der Detektiv, soll diesen Ring finden.
Die Gruppe versucht den Ring mindestens eine ganze Runde von TN zu TN zu schleusen. Um den Detektiv zu täuschen und den Ring geheim zu halten, müssen alle TN untereinander kooperieren.
In diesem Spiel werden die TN von der körperlichen Aktivität abgelenkt.

Organisation/Aufbau:

Ein TN, der Detektiv, verlässt den Raum. Die Gruppe befindet sich im Innenstirnsitzkreis. Alle TN halten mit beiden Händen eine Schnur fest, die am Ende zusammengeknotet ist. Im Seil ist ein Ring eingefädelt. Der ÜL legt fest, welcher TN zu Beginn den Ring erhält. Der Detektiv wird hereingerufen. Er kann sich frei im Raum bewegen.

Anleitung:

Die TN versuchen unter den wachsamen Augen des Detektivs, den Ring unentdeckt von Hand zu Hand zu geben.

Alle anderen TN täuschen eine Ringübergabe vor.

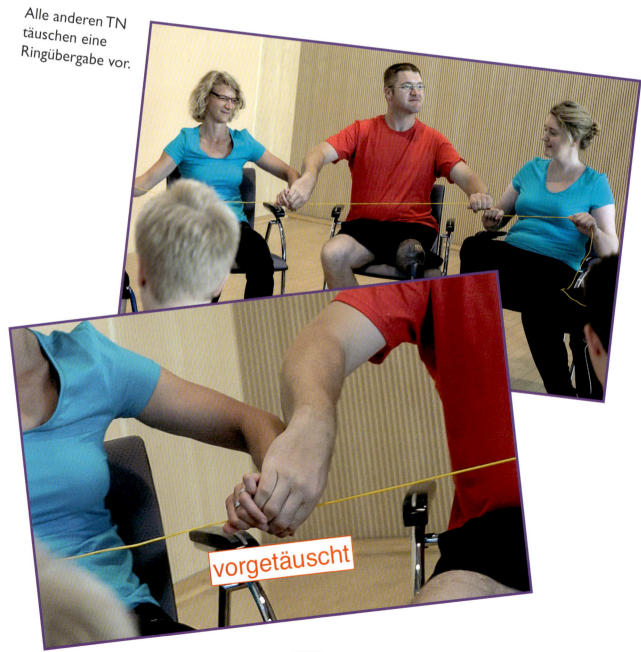

Hat der Detektiv einen Verdacht und zeigt auf eine Hand, muss das Spiel gestoppt werden. Es darf keine Hand mehr bewegt werden.

Die Hand muss zeigen, was sich unter ihr verbirgt. Lag der Detektiv falsch, geht es weiter. Der Detektiv hat 3 Versuche.

MODIFIZIERUNG:

Es können alle TN mit einer Behinderung mitmachen. Das Seil kann auch mit einer Hand festgehalten werden. Kann keine Hand das Seil festhalten oder nur schwer, wird ein Handtuch über die Oberschenkel des betroffenen TN gelegt und der Ring wird unter dem Tuch verdeckt weiter gegeben.
Hat der Detektiv eine Sehbehinderung, wird der Ring durch einen Schlüsselbund ersetzt. Dessen Geräusche beim Weitergeben ermöglichen es dem Detektiv, ihn zu lokalisieren.

TIPP:
Es können 2 oder 3 Detektive gemeinsam den Ring suchen. Die TN ergänzen sich dabei und sprechen sich ab. Bekommen die Detektive eine Augenklappe und sind auf einem Auge blind, kann die Suche für sie erschwert werden.

48. IRRGARTEN

Zutaten:

- 10-30 TN
- 10-15 Minuten
- Basis:

Modifizierung:

- drinnen
- ab 40 m²
- Gruppenaktivität, Entspannung
- statisch

Ziel:
Die TN suchen gemeinsam einen Weg durch einen Irrgarten von Gymnastikreifen, die auf dem Boden liegen. Es ist Gruppen-, aber auch Einzelarbeit gefragt. Von der Gruppe verlangt die Suche Konzentration und Beobachtung. Der einzelne TN muss sich räumlich orientieren. Was so einfach aussieht, ist doch recht anspruchsvoll.

Organisation/Aufbau:
Gymnastikreifen werden auf dem Boden verteilt. Die Reifen liegen eng zusammen und berühren sich. Die Gruppe sitzt im Innenstirnkreis um die Reifen herum. Der ÜL erklärt den TN, dass vor ihnen ein großer Irrgarten liegt, der durchquert werden muss. Er bestimmt einen TN, in unserem Fall Dieter, der sich einen Weg durch alle Reifen überlegen soll. Dabei muss jeder Reifen mindestens einmal betreten werden. Dieter bekommt ein rotes und ein grünes Sandsäckchen.

Anleitung:

Der ÜL fordert einen TN auf, sich zu überlegen, wo Dieters Weg durch den Irrgarten startet. Sandra steht auf und stellt sich in einen Reifen ihrer Wahl. Hält Dieter das rote Säckchen hoch, ist dies nicht der Beginn seines Weges.

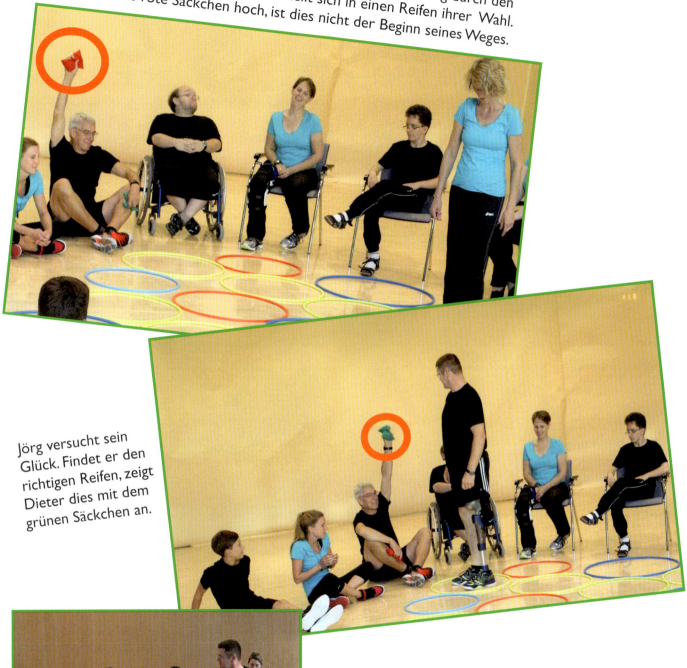

Jörg versucht sein Glück. Findet er den richtigen Reifen, zeigt Dieter dies mit dem grünen Säckchen an.

Jörg versucht einen weiteren Ring und versichert sich mit einem Blick zu Dieter, ob auch dieser Reifen der Richtige ist.

Jörg scheint sich auf dem richtigen Weg zu befinden.

Die Möglichkeit der Wege durch den Irrgarten ist groß. Jörg nimmt einen falschen Reifen und muss seinen Weg beenden.

Marita versucht ihr Glück. Sie muss von Anfang an starten. So versuchen die TN Dieters Weg durch den Irrgarten zu finden.

Marita findet auch nicht den richtigen Weg und Angela versucht ihr Glück.

Angela hat den Weg gefunden.

MODIFIZIERUNG:

Anstelle der Sandsäckchen kann Dieter richtig und falsch auch mit dem Daumen anzeigen.

Bei einer Sehbehinderung wird der TN verbal von der Gruppe durch den Irrgarten geleitet. Der TN nutzt seine Füße, um den Rand der Reifen zu ertasten.

Rollstuhlfahrer leiten einen anderen TN durch den Irrgarten.

Dieter leitet Daniel an

TIPP:
Die Vorgabe, Reifen auch doppelt betreten zu müssen, gestaltet den Irrgarten für die Gruppe anspruchsvoller.

49. DIE REIFEN SIND GEFALLEN

Zutaten:

- 10-30 TN
- 10-15 Minuten
- Basis:

Modifizierung:

- drinnen
- ab 80 m²
- Gruppenaktivität, Entspannung
- statisch

Ziel:
Gymnastikreifen, die gezwirbelt werden und auf den Boden fallen, müssen von den TN mit geschlossenen Augen lokalisiert werden.
Um die Aufgabe zu meistern, müssen die TN sich auf ihr Gehör und den Raum konzentrieren. Eine Positionsveränderung der Ausgangsstellung schult die Wahrnehmung und die Orientierungsfähigkeit der TN.

Organisation/Aufbau:
Die Gruppe steht in einem großen Innenstirnkreis. Jeder TN hat einen Gymnastikreifen.

Anleitung:

Alle TN zwirbeln ihren Reifen. Zwischen den einzelnen Reifen sollte genügend Abstand sein.

Die TN treten 2 große Schritte nach hinten. Sie schließen ihre Augen und konzentrieren sich auf die Geräusche der Reifen.

Nacheinander fallen die Reifen auf den Boden und bleiben dort liegen. Die TN sollen mit geschlossenen Augen auf den Reifen zeigen, der als letztes zum Liegen gekommen ist.

Der ÜL selbst oder ein anderer TN stellt sich in den betreffenden Reifen, die TN öffnen ihre Augen und kontrollieren, ob sie mit ihrer Vermutung richtig lagen.

MODIFIZIERUNG:

Es können verschiedene Ausgangsstellungen ausprobiert werden. Die TN sollen sich mit geschlossenen Augen hocken, setzen, umdrehen oder auch auf den Boden legen.

TIPP:
Da sich die Akustik an den verschiedenen Stellen im Raum anders verhält, sollte mit jeder Runde ein Platzwechsel der TN vorgenommen werden. Diese Übung ist ein schöner Stundenausklang nach dem Ausdauerspiel Reifenzwirbeln (siehe Nr.37).

50. FINDE DEN FEHLER

Zutaten:

👥 10-30 TN

⏱ 10-15 Minuten

🛠 Basis:

   *

Modifizierung:

   *

📍 drinnen

↔ ab 60 m²

✔ Gruppenaktivität, Entspannung

▲ statisch

Ziel:
Die TN versuchen sich den gegenüberliegenden Partner möglichst genau einzuprägen. Nachdem jeder TN sich verändert hat, müssen die einzelnen Veränderungen gesucht werden.
Diese Gruppenaktivität schult die Aufmerksamkeit und fördert die Kommunikation und Kreativität unter den TN. Die Merkfähigkeit spielt eine entscheidende Rolle, um Veränderungen zu finden.

* Nach Bedarf viele andere Utensilien

Organisation/Aufbau:
Jeder TN bekommt 3-5 verschiedene Materialien. Die Gruppe steht in einer Gasse.

Anleitung:

Alle TN nutzen ihr Material, um sich damit zu schmücken.

Die TN stellen sich ihrem Partner gegenüber und nehmen eine Position ihrer Wahl ein. Sie schauen sich den Partner genau an und prägen sich jedes Detail ein.

Auf ein Kommando des ÜL, drehen sich alle TN um und beginnen sich zu verändern.

Nicht nur die Gegenstände können verändert, auch die Hosenbeine können umgeschlagen, Ärmel des T-Shirts eingerollt, Schuhe ausgezogen werden usw.

Die TN drehen sich wieder zueinander und betrachten sich gegenseitig.

Abwechselnd werden die Veränderungen des Partners benannt.

MODIFIZIERUNG:

Ohne Einschränkung ein Gruppenspaß für alle TN mit und ohne Behinderung. TN mit einer Sehbehinderung dürfen sich taktil den Partner einprägen oder arbeiten als Tandem in einer Dreiergruppe.

> **TIPP:**
> Wenn keine Geräte oder andere Materialien vorhanden sind, reicht das Verändern der normalen Sportbekleidung aus.

Kleine Rätselaufgabe:
Finden Sie die Fehler?

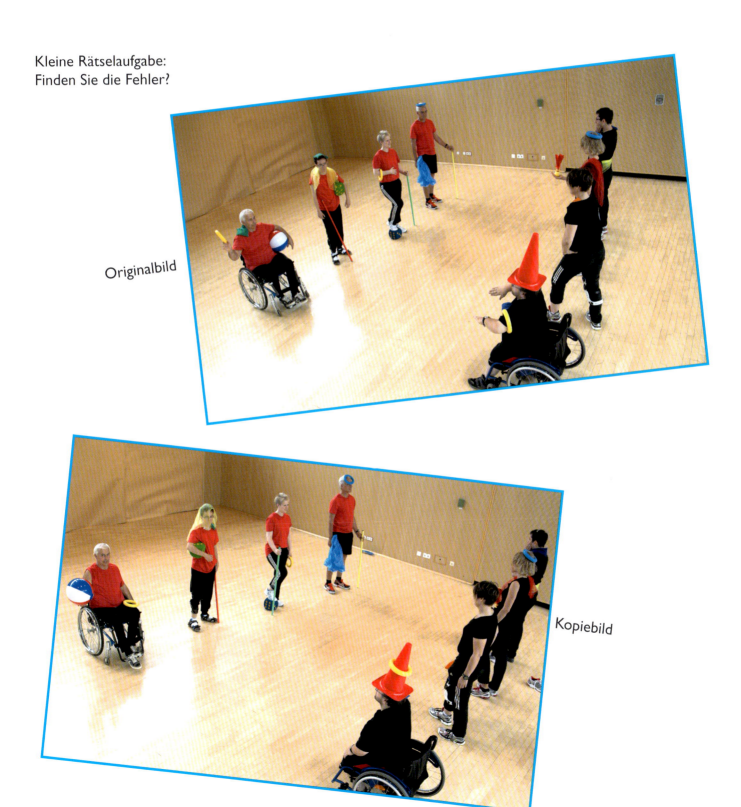

Originalbild

Kopiebild

MEINE NOTIZEN

DANKSAGUNG

Die Erstellung einer solchen Praxishandreichung für den inklusiven Sport ist nur durch die Mithilfe von Vielen möglich.

An dieser Stelle möchte ich mich bei allen Beteiligten bedanken, die an der ereignisreichen, dreitägigen Fotodokumentation für dieses Buch mitgewirkt haben. Dem Fotografenduo Vanessa Winkels und Julian Sarellas für ihre geduldige und professionelle Arbeit mit uns.

Danke an den HBRS e.V. Vorstand und die Geschäftsführung, Gerhard Knapp, Heinz Wagner, Hans-Jörg Klaudy und Otto Mahr für die Unterstützung.

Dieses Buch wäre ohne die Hilfe und den Zuspruch durch meine Familie und Freunde sowie meine Kollegen Thomas Prokein, Thomas Beck, Ludger Düchting, Florian Thimm, Matthias Jung, Christian Coppeneur-Gülz, Sascha La Mendola, Ramon La Mendola, Andreas Schmidt, Thorsten Mießeler, Jens Harring und Barbara Bruce-Micah, nicht möglich gewesen.

Ich bedanke mich bei Kathrin Kolodziej und Sina Heinz für den Antrieb, ihre stetige Unterstützung und den ständigen Gedankenaustausch zum Thema.

Die enge, fast tägliche Zusammenarbeit mit der Grafikerin Aline Woitas hat das Buch erst zum Leben erweckt.

Danke auch an die Lektorinnen Daniela Ludwig und Lina Ludwig.

Meiner Tochter, Milana Marie Sonnenberg, danke ich für ihre kindlichen Einfälle, die mir den ein oder anderen Knoten im Kopf gelöst haben.

Ein großer Dank gilt meinem Vater, Wilhem Schruff, der mir Zeit meines Lebens ein lösungsorientiertes Denken beigebracht hat, und meiner Mutter, Maria Marita Zabel-Schruff, die mir zeigte, die Stärken eines jeden Menschen zu sehen. Erst dies ermöglichte das Erarbeiten von Modifizierungen und damit die Erstellung dieses Buches.